ALEXANDRA VON POSCHINGER

ZUSAMMEN WACHSEN

Starke Stimmen für Europa

KNESEBECK

INHALT

12
VOM FLIESSEN UND MÜNDEN

48
WURZELN UND WACHSEN

VORWORT

Zusammen wachsen ist ein so interessantes wie lohnenswertes Buch, das die Grenzregion zwischen Deutschland, Österreich und Tschechien aus verschiedenen Perspektiven betrachtet. Alexandra von Poschinger macht europäische Themen über die persönlichen Erfahrungen ihrer Interviewpartner begreifbar. Sie entwirft eine Zukunftsvision für ein gemeinschaftliches Europa sowie für die Funktion, die es einnehmen könnte. Auch wenn die Herangehensweise vertraut sein mag, so sind doch die Fragen und verschiedenen Aspekte, die das Buch aufwirft, dringend notwendig, da sie den Lesern neue Sichtweisen für bekannte Themen und Möglichkeiten zum Ideenaustausch eröffnen.

Betrachtet man Europa und die Europäische Union als Konzepte, so sind sie zugleich regional und global angelegt. Der europäische Kontinent ist in verschiedene Länder unterteilt, die zu bestimmten Zeiten untereinander verfeindet waren – und doch haben diese Länder einige Gemeinsamkeiten bezüglich ihrer Werte, Wirtschaft und historischen Entwicklung. In den vergangenen siebzig bis achtzig Jahren konnte Europa als eine relativ stabile, starke und wohlhabende Einheit verstanden werden. Wenn wir dies jedoch unter dem Gesichtspunkt der gemeinsamen Interessen der Länder und ihrer Beziehungen zur Außenwelt sehen: Reicht das gemeinsame Interesse dann aus, um die europäischen Länder – trotz unterschiedlicher Sprachen, Religionen und nationaler Interessen – zusammenzuschweißen? Und noch entscheidender: Inwiefern werden die Beziehungen zwischen den Ländern und zum Rest der Welt die Geschichte in ein neues Licht rücken und die Zukunftschancen des Kontinents beeinflussen?

Europa ist nicht als Einheit anzusehen, sondern vielmehr als Region, die aus verschiedenen Ländern besteht, worunter ein jedes seinen eigenen Reiz besitzt und eine eigene Entwicklung unter der Prämisse des Nationalismus durchgemacht hat. Der Brexit ist nicht zufällig passiert und ein Ausstieg aus der EU kann, je nach Situation, auch von anderen Mitgliedstaaten noch als Möglichkeit in Betracht gezogen werden.

Folgende Fragen drängen sich auf: Können die Länder Europas ohne identische Werte, Sprache und Kultur als eine politische und wirtschaftliche Gemeinschaft bestehen? Wie gelingt es den Ländern, ihre unterschiedlichen Entwicklungschancen auszugleichen, ein gemeinsames Wertesystem zu schaffen und ein enges, verbundenes und komplementäres Verhältnis zueinander aufzubauen? Wird Europa im Hinblick auf seine künftige Entwicklung in der Lage sein, sein Wertesystem beizubehalten und zu optimieren – in einer Form, die das bestehende Wertesystem mit der künftigen weltweiten Entwicklung in Einklang bringt? Die heutige Welt steht vor vielen Ungewissheiten und drohenden Konflikten.

In einem Europa, das sich als Gemeinschaft sieht, entstehen interne und externe Beziehungen, die das Überleben und den gegenseitigen Nutzen sichern. Gründen diese Beziehungen jedoch nicht auf Gleichheit und gegenseitigem Respekt, ist der Wunsch, Europas vereinte Position und verstärkte Zusammenarbeit aufrechtzuerhalten, unerfüllbar.

Die Bündnisse des 21. Jahrhunderts verweisen lediglich auf die Notwendigkeit für das gemeinsame Interesse einer Region. Spaltung und erneute interessengeleitete Allianzen sind kennzeichnend für unsere Zeit. Immer und immer wieder befindet sich die Welt im Prozess der Spaltung und Neuorganisation – mit dem einzigen Ziel, neue Ressourcen und Macht zu generieren. Die Ideale sind hoch. Die Realität indes ist eine andere.

Ai Weiwei
Multimediakünstler, lebt und arbeitet an verschiedenen Orten der Welt,
unter anderem in Peking, Berlin, Cambridge und Lissabon

EINLEITUNG

Europa, wer bist du? Sicher zu vielschichtig, um deine Bedeutung in einem Satz zu erklären. Zu wesentlich, um dich als gegeben hinzunehmen, und fraglos notwendig für die Zukunft deiner Bewohner. Als vor dreißig Jahren der Vertrag von Maastricht die EU begründete, war dies das wohl kühnste Meisterstück der Politikgeschichte – und ein großes Versprechen. Von Gemeinschaft. Solidarität. Gerechtigkeit. Grenzenlosigkeit. Wachstum. Wohlstand. Und Frieden.

Ich habe mich hineingetastet in unseren Kontinent, der sich in jüngster Zeit so aufgewühlt zeigt. Wollte seinen Versprechen nachspüren, die europäische Idee noch besser verstehen – und prüfen, wo und wie sie ankommt. Dazu bin ich durch die Dreiländerregion Deutschland–Österreich–Tschechien gereist, in die Mitte Europas zwischen Donau und Moldau, an die Nahtstelle des einstigen Ostblocks zur westlichen Welt. Habe Menschen besucht, die mit ihren Ansichten und Kenntnissen neue Welten erschaffen, und international anerkannte Persönlichkeiten befragt, die über Europa nachdenken – und erzählen: von den verschiedenen Momenten einer europäischen Identität und von Zeiten historischer Umbrüche, die nicht nur Institutionen und Gewissheiten aus den Angeln hoben, sondern die Menschen, ihre Seelen, ihre Leben.

Kriege und Gewalt, Vertreibung und Flucht sind die Erfahrungen anderer, nicht meine. Mir wurde erspart, was andere verletzte und zerteilte. Stattdessen erfuhr ich beim Zuhören, was diese Erinnerungen angerichtet haben, die autobiografischen wie die überlieferten, die erzählten und, noch mehr, die verschwiegenen. In allen Geschichten ging es um Grenzen. Ums Eingrenzen, Ausgrenzen und Abgrenzen, ums Grenzensetzen und -überwinden, aber auch um Grenzen als Inspiration, Schutz und Chance.

Europa, du bist großartig und beglückend, gleichzeitig wahnsinnig und abgründig – und du steckst in jedem von uns. Um dich als Heimat zu begreifen, musst du nur noch tiefer in unsere Lebenswelten hinein. Musst hinein in die Geschichten der Menschen und dich mit den Erzählungen anderer verbinden, damit Zusammenhänge und Netzwerke entstehen – und wir uns trotz unterschiedlicher Sprachen besser verstehen.

Verstehen ist Vergleichen. Das Ausmachen von Unterschieden. Von Gemeinsamkeiten. Und vor allem: Es ist Arbeit, wie auch dieses Buch. Es ist kein Geschichts-, aber ein Geschichtenbuch aus kleinen und großen Novellen, Lebensläufen, Kenntnissen und Erlebtem, die sich miteinander verweben und zur Einheit fügen. Daran anzuknüpfen, ohne Einbuße der eigenen regionalen Identität, lohnt. Viel Ausdauer, Geduld und Freude dabei. Und beim Lesen auch.

Alexandra von Poschinger
im September 2023

DER MYTHOS EUROPA

Vor 3000 Jahren lebte eine wunderschöne phönizische Prinzessin namens Europa mit ihren Eltern in einem großen Palast. Sie liebte es, im Wald spazieren zu gehen und die Tiere zu beobachten. Als Göttervater Zeus von ihrer Schönheit erfuhr, wollte er Europa so schnell wie möglich kennenlernen – und hatte eine Idee: Um die tierliebe Prinzessin für sich zu gewinnen, verwandelte er sich in einen Stier. Europa bewunderte das prächtige Tier, näherte sich ihm vertrauensvoll an und nahm auf seinem Rücken Platz. Schnell sprang der Stier samt der Prinzessin davon. Zunächst verängstigt und verzweifelt ob der Entführung, beruhigte Europa sich alsbald, fasste den Stier an den Hörnern und ritt frohen Mutes weiter. Sie erreichten den Strand von Kreta. Zeus entschied, wieder menschliche Gestalt anzunehmen – und traf bei Europa mitten ins Herz: Sie verliebte sich in Zeus und gebar ihm drei Söhne. Um der Liebesgeschichte ein bleibendes Denkmal zu setzen, wurde der Kontinent, auf dem Zeus und Europa ihr Glück besiegelten, nach der Prinzessin benannt.

VOM FLIESSEN UND MÜNDEN

DIE DONAU UND DIE MOLDAU: EIN SPIEGEL UNSERES SELBST

Flüsse haben mich schon immer fasziniert. Was daran liegen mag, dass ich in Passau geboren wurde, wo gleich drei Flüsse ineinanderfließen und sich als Donau weiterwinden bis ins Schwarze Meer. Im Gegensatz zu Seen und Meeren haben Flüsse ein Ziel. Fangen auf dem Weg durch eine Landschaft die Umgebung ein und werfen sie funkelnd zurück: eine sich durch Bewegung ständig verändernde Welt, die noch viel rätselhafter ist als jene, in der wir tatsächlich leben.

Die Donau ist der internationalste Fluss der Erde, die West-Ost-Achse unseres Kontinents, Europas Strom. Sechs Tage braucht ein Donautropfen angeblich von der Quelle bis zur Mündung, eine Reise durch Deutschland, Österreich, die Slowakei, Ungarn, Kroatien, Serbien, Rumänien, Bulgarien, die Republik Moldau und die Ukraine, rasend schnell. Ich frage mich, wie lange wohl die Völker und Kulturen entlang des fast 3000 Kilometer langen Flusslaufs brauchen, um in friedlicher Verbundenheit miteinander zu leben? Wann hört der Krieg auf? Oder droht sogar ein neuer, nachdem auch die Grenze zwischen Serbien und dem Kosovo wieder zu einer gefährlichen Bruchlinie geworden ist?

Bei Nacht sind Flüsse das Dunkelste, was einem begegnen kann. Wenn der Horizont sich kaum unterscheidet vom Schwarz des Wassers, das mit jeder Welle Atem holt und im schüchternen Licht des Mondes die elementarsten Fragen vom Grund nach oben spült: Wer bist du? Wer sind wir? Und: Wo wollen wir hin? Das Wasser der Moldau ist auch bei Tageslicht finster – und trotzdem fröhlich und unbekümmert wie ein Bohémien, eine leichtlebige Künstlernatur. Vielleicht weil die Moldau ihre Flusskilometer nicht wie die große blaue Schwester von der Mündung her zählt. Weil sie ihre Quelle kennt – im Gegensatz zur Donau, über deren Ursprung man bis heute streitet.

Ich habe gelernt, dass Flüsse Spiegelbilder unserer Gesellschaften sind, und halte diese These in Zeiten unablässiger Spiegelungen für besonders reizvoll. Der Zustand eines Flusses erzählt, wie wir Menschen leben, was wir zu uns nehmen und wie wir unsere Abfälle handhaben. Apropos: Früher wurden Baumstämme aus dem Bayerischen und Böhmerwald über die Donau und Moldau nach Wien und Prag getriftet, um Industriebetriebe und städtische Stuben zu befeuern. Ein umweltfreundlicher, rückstandsloser Energietransport. Heute fließt Atomstrom durch die Ländernetze, und wir suchen mühsam nach Endlagern für den Atommüll, den niemand haben will. Ein europäisches Problem, das sich nicht gut auslagern lässt.

Flüsse wie Donau und Moldau erzählen die Vergangenheit, Gegenwart und Zukunft Europas. Zwar gibt es gewaltigere europäische Ströme als die Moldau, doch für mich ist sie einer der aufregendsten. Manchmal wild, manchmal zahm mäandert sie durch die Moorgebiete des Böhmerwalds und nimmt dort ihre dunkle Farbe auf. Wie mit schwerem Gold füllt sie ihr Bett und passiert die Zeugnisse reicher Kultur und Natur entlang ihres Wegs – bis sie kurz hinter Prag, wo die Moldau zur Höchstform aufläuft, ihren Namen einbüßt. Sie fließt nun weiter als Elbe, verbindet Böhmen mit der Nordsee und demonstriert, dass in jedem Ende auch ein Anfang liegt.

Flüsse zu erleben, bedeutet die Wiederverbindung mit Ursprünglichkeit. Eine Reise unter die Oberfläche – und letztlich zu uns selbst. Während Städte immer näher an Flüsse gerückt sind, haben die Menschen sich emotional weiter von der Natur entfernt. Als Passauerin weiß ich, was Flüsse vermögen: beschaulich dahingleiten, tosend aufbegehren, Kultiviertes zerstören. Dass ein Fluss seine Beschaffenheit innerhalb weniger Stunden vollkommen verändern kann, ist magisch.

Ich sehe in Donau und Moldau den Spiegel für eine neue Symbiose zwischen Mensch und Natur, spielen sie doch mit allen Ausdrucksformen menschlicher Emotionen, vom eingängigen Walzer bis zur komplexen Sinfonie, und zeigen in weiten Abschnitten den einstigen Zustand: die Welt vor uns Menschen. Ein Fluss ist Natur in all ihrer Vielfalt, aber auch in ihren Herausforderungen. Die sind freilich nicht immer zu meistern. Dann genügt es, ihre Bedeutung zu verstehen – und zu akzeptieren. Darin besteht die größte Faszination.

UNSERE ZUKUNFT
IST EIN GARTEN

Roswitha Diaz Winter muss nicht die ganze Welt
gesehen haben, um sie zu verstehen. Stattdessen
beobachtet sie ihren Garten. Die Pädagogin lebt und
wirtschaftet nach den Prinzipien der Permakultur
und schafft damit Verbundenheit. Wie weit sie reicht,
begrenzt lediglich unsere Vorstellungskraft.

E s braucht nicht viel, um aus der Welt zu fallen. Ein gemütliches Haus
am Waldrand, einen Garten voller Gemüse, zehn bis fünfzehn Schafe, mindestens sieben Katzen nebst einer Herde Hühner, Dinkelbrot
mit Tannenbutter und Marmelade aus wilden Rosen, deren fruchtige Süße
gleichzeitig tröstet und erfreut. Ich sollte auch noch den Kuchen probie-
ren, fordert Roswitha Diaz Winter mich zum Weitergenuss auf und trägt
ein Tablett voll Sommer auf die Terrasse: kardinalrote Ribisel auf fluffigem
Backteig, reichlich garniert mit Holunderblüten und Liebe. „Wir stehen so in
der Fülle – da ist es doch schön, ein Stück abgeben zu können."

Roswitha hat schon vieles abgegeben in den 56 Jahren ihres Lebens. Die
beiden Väter ihrer vier Kinder, die schweren gesundheitlichen Krisen, die ihr
damals, mit gerade 28, jede Perspektive stahlen, das Hadern mit dem Glauben und den Trugschluss, dass immer mehr Wirtschaftswachstum das Glück
potenziert. „Wenn man loslassen und Niederschläge aus einer größeren Dis-
tanz betrachten kann, sind immer wieder Neuanfänge möglich", ist Roswitha
überzeugt. Vorausgesetzt natürlich, man hat aus den Krisen gelernt.

Vor mehr als dreißig Jahren begann Roswitha zu gärtnern – und ver-
pflanzte ihr Herz in die Permakultur, jene ökologische Lebensphilosophie,

die die Systeme und Kreisläufe in der Natur genau beobachtet und bestmöglich nachahmt. „Es geht dabei nicht nur ums Landwirtschaften, sondern vielmehr ums Interagieren", erklärt sie. Um die Bereitschaft, zu kooperieren denn zu konkurrieren. Darum, Dinge anders zu sehen, Verbindungen zu knüpfen und damit den ökologischen Fußabdruck zu reduzieren.

Nicht immer geht Roswitha in ihren Garten, um zu ernten. Oft betritt sie ihn nur zum Schauen, Lernen und Freuen. Ihre Beete kommen wenig geschniegelt daher. Unordentlich verwunschen und wohl gerade deshalb so sympathisch. Neben den Winterheckenzwiebeln wächst der Gute Heinrich als ewiger Spinat. Dass der weiße Spargel selbst auf 660 Metern über Meereshöhe gedeiht, liegt an den Bohnen, die ihn ohne weiteres Zutun zu düngen verstehen. Roswithas Garten bringt auf kleiner Fläche sehr viel Fruchtertrag. „Um einen Menschen ein Jahr lang pflanzlich zu ernähren, braucht's nur fünfzig Quadratmeter", weiß die Expertin mit dem supergrünen Daumen und streicht über die hüfthochgeschossenen Dolden der Zuckerwurzel, die ihre Frucht wie eine Karotte in die Erde reckt und im Herbst gleich mehrfach geerntet werden kann. „Sieht so plump aus wie ein Michelin-Männchen, schmeckt in Butter gedünstet aber elegant und fein."

> „
> ## Grenzen sind hochproduktive Bereiche, an denen das Beste von beiden Seiten zusammenkommt.

Die Permakultur nehme alle Lebensbereiche mit, erklärt mir Roswitha. Seit einem Jahr zählt sie zu den wenigen Diplomierten innerhalb der Öko-Gemeinschaft in Österreich. „Wir reden zwar vom Gärtnern, meinen das aber im übertragenen Sinn." Das bedeutet für Roswitha: Der Garten spendet gesunde Lebensmittel. Wird sein Umfeld jedoch nicht mitdesignt, ist das ganze Konzept für die Katz. „Wir müssen auch unser Bildungssystem, die Finanzwelt, das Mobilitätsverhalten und die Art und Weise unseres Wohnens verändern", führt sie beispielhaft an. Sie erläutert, wie sich die Ursprungsidee zweier Australier von der *permanent agriculture* als landwirtschaftlicher Gestaltungsmethode in den 1970er-Jahren entwickelt habe zur *permanent culture*, einer Kultur der nachhaltigen Lebensweise und Landnutzung, die heute weltweit mehrere Millionen Verbündete zählt. Es gehe darum, im Kreislauf zu arbeiten. Nicht mehr zu entnehmen als einzubringen. In den Boden, in die Umwelt, in die Gesellschaft.

Roswithas Hof im Oberen Mühlviertel versteckt sich so tief in der Provinz, dass menschenleere Straßen am helllichten Tag der Normalzustand sind. Dennoch finden die Gäste in Hundertschaften zu ihr. Die Pädagogin, die im Brotjob (noch) an einer polytechnischen Schule arbeitet und Jugendliche für ihren Berufseinstieg coacht, betreibt das Ausbildungszentrum für Selbstversorgung und Permakultur *Wilde Rose*. Sie unterrichtet ihre Seminarteilnehmer in den wichtigen Fragen des Lebens. Die einen, die verwundet sind auf Haut und Seele. Die anderen, die nicht mehr frei atmen können, nicht mehr glauben oder in den Strömungen der Gesellschaft gestrandet sind. „Was sie alle verbindet, ist der Wunsch nach einer neuen und besseren Welt."

Zu Roswitha kommen Techniker, Lehrerinnen, Unternehmer und Pflegekräfte gleichermaßen – allesamt Menschen, die mit beiden Beinen auf dem Boden und mitten im Leben stehen. Klischeehafte Aussteiger indes gehören nicht zum Klientel der *Wilden Rose*. „Ich biete kein Nischenprogramm für Verschwörungstheoretiker oder narzisstisch und nationalistisch Angehauchte", stellt die Permakulturistin klar und bedauert, dass sich mit der Pandemie auch diverser „Wildwuchs" in der Szene breitgemacht habe. Der Grund dafür scheint klar: „Gerade dieser Personenkreis will ja nicht verhungern und garantiert durch Selbstversorgung sein Überleben."

Eine Ringelnatter sonnt sich am Rand einer Schüssel mit Wasser, die Roswitha extra für sie in den Garten gestellt hat. „Die Schlange reguliert meinen Schneckenbefall." Dass sich die Natter und mit ihr eine Vielzahl an Fröschen und Eidechsen, Schmetterlingen, Bienen und Hummeln angesiedelt haben, spricht einmal mehr für die Qualität des Habitats. Permakulturelles Gärtnern funktioniert in fünf Zonen. In deren Mittelpunkt steht der Mensch. Roswithas Haus ist Zone null. „Alles, was ich an Lebensmitteln produziere, passiert in den Zonen null bis zwei, damit ich der Natur in den Zonen vier und fünf etwas zurückgeben kann." Die Ruhe vor uns Menschen.

Im Laufe eines Lebens werde ein Permakulturgarten immer kleiner, erklärt Roswitha. „Man nutzt die Fläche dann vertikal und kommt sich selbst immer näher." Menschen, die aus der Erde heraus leben, besitzen, so sagt man, eine natürliche Weisheit. Weil sie mit dem Herzen schauen und das Mysterium Leben sie tief berührt. Wenn Tomatensamen keimen. Daraus eine Pflanze wächst. Sie Nahrung schenkt und, viel mehr noch, Genuss. „Das Gestaltungssystem der Permakultur kann eine Gesellschaft verändern", ist Roswitha überzeugt und argumentiert mit einer Philosophie, die auf drei ethischen Grundsätzen baut: der Verantwortung für die Erde, der Sorge für die Menschen und der Gerechtigkeit im globalen Teilen, wobei die letzte ethische Regel die beiden vorherigen vereint.

Morgen werden sie sich wieder treffen, die zwanzig Gärtnerinnen zwischen dreißig und achtzig Jahren, im Gemeinschaftsgarten Aigen-Schlägl, den Roswitha einst auf ihrem Grundstück angelegt und im Zuge der Landesgartenschau 2019 in den Windschatten der örtlichen Prämonstratenser-Abtei verpflanzt hat. Sie werden anbauen und ernten auf den zwanzig individuell bewirtschafteten kleinen Flächen, das große Miteinander-Erdbeerfeld plündern, Tipps und Tricks austauschen, Kaffee und Bier trinken und sich durch den Nachmittag plaudern, lachend und dankbar für die gemeinsame Zeit. „Im Menschsein geht es doch darum, sich auszutauschen", sinniert Roswitha. Und wenn die eine Gärtnerin sieht, dass das Gemüse im Beet der Nachbarin besser gedeiht? „Dann sollen sie darüber reden", mahnt die Projektchefin. Neid sei schließlich wie Gift und in einem Bio-Gemüsegarten verboten.

„Es geht nicht um dich als Person, sondern darum, Teil einer großen Verbundenheit zu sein." Roswitha geht wieder hinein in die Üppigkeit ihres Gartens, die sich nicht am Reißbrett planen ließ, sondern organisch entstand, weil alle Kulturen zusammengehören und miteinander kommunizieren. Welche Geschichten sie sich wohl erzählen? Roswitha übersetzt sie geübt und ebenso gern. Von der Hand ins Hirn ins Herz und retour. Sie schärft den Blick für eine Welt, die nicht jedermanns eigene ist, und führt Fremdes vor Augen, weil auch das Vertraute sich nicht immer von selbst versteht.

Wer regelmäßig gärtnert, weiß mehr vom Leben. Erfährt eine Großübung in Geduld, weil nichts schneller wächst, indem man daran zieht. Lernt, zu beobachten, auch die Momente des langsamen Vergehens. „Wenn du siehst, wie eine Frucht im Herbst überreif wird, dann stehst du vor der Wahl: Isst du sie gleich oder lagerst du sie ein, um auch im Winter davon zu haben." Vor zwei Jahren hat Roswitha ihr Auto verkauft. Seitdem ist sie mit den Öffentlichen unterwegs. Oft mit dem Rad und, viel lieber noch, zu Fuß. Sie kann sich beim Gehen am besten erden.

Die Grenze zu Tschechien, die nur fünfzig Meter hinter dem Haus liegt, überschreitet Roswitha mehrmals am Tag. Was ihr früher der Eiserne Vorhang verbot, öffnet ihr heute Türen in spannende Welten. „Grenzen sind hochproduktive Bereiche, in denen das Beste von beiden Seiten zusammenkommt", klärt sie auf. Wieder so ein Prinzip der Permakultur. Man lerne am meisten, wenn man nicht alles verstehe. „Es rutscht dann Stück für Stück ins Unterbewusstsein, grundelt dort rum, spannt Netzwerke im Gehirn und wächst sich irgendwann zum Fruchtkörper aus." Weitestgehend so wie beim Pilz.

Der Sommer riecht gut, der Wind kühlt, uns Menschen genauso wie die Pflanzen im Garten. Sie werden weder gedüngt noch gegossen trotz Hitze. Zwischen Weißkrautköpfen und Szechuan-Pfeffer bahnen sich zwei Weinbergschnecken den Weg. Ihre Häuser wird Roswitha später zwischen den Wildrosen auslegen. Damit die Vögel daran picken, die das Kalzium zum Eierlegen brauchen.

Permakultur ist wie Rosenkohl: Kreisförmig um ein Zentrum sind Zonen angelegt. Sie bilden ein in sich geschlossenes System.

ÜBER GOTT IN DIE WELT

Mit siebzehn fühlt Sonja Stumpf sich berufen und geht
für zehn Jahre ins Kloster. In einem orthodoxen Orden
erhofft sie sich Heimat und Halt. Doch sie hadert und
verliebt sich, tritt aus und wieder ein – in ein neues
Leben als Ehefrau und glückliche Mutter dreier Söhne.

Der Tag begann früh. Wenn Sonja zum Läuten eingeteilt war, um ihre Mitschwestern zu wecken, bereits um halb fünf. Es folgten Morgenlob und Gottesdienst, danach gab es Frühstück. Den Vormittag über war Sonja im Garten beschäftigt. Eine körperlich harte Tätigkeit, die ihr aber gefiel. Das Mittagessen nahmen die Schwestern in Stille ein. Oft sang Sonja die Andacht dazu. Dann ging es zurück an die Arbeit, bis um siebzehn Uhr die Vesper rief und das Abendessen den Tag beschloss. Sonja trug den Komboskini, eine geknüpfte Gebetsschnur, immer am Kleid. Gebetet wurde den ganzen Tag, in großer Konzentration und gleichmäßigem Rhythmus, „Herr, erbarme dich unser", bis zu 3000 Mal am Tag. Sonja betete, weil alle beteten und das Gebet auf ein besseres Leben nach dem Tod hoffen ließ. Im Winter wurde es eisig kalt in den Bergen und das alte Kloster mit rostigen Ölöfen beheizt. Wasser holten die Schwestern aus der Zisterne. Die wurde zwar regelmäßig gereinigt, aber einmal sah Sonja, wie eine Schlange darin schwamm.

Zum Treffen kommt sie später als vereinbart. Sonja Stumpf blickt suchend durch den Biergarten im Niederaltaicher Klosterhof, steuert dann zielstrebig auf mich am Tisch unter den schattenspendenden Kreuzgewölben zu, bestellt noch im Stehen einen Eiskaffee mit extra viel Sahne und lässt sich fröhlich lachend auf den Sessel fallen. „Mein Leben ist immer ein wenig chaotisch", setzt sie an zur Entschuldigung, rückt sich Brille und blonden Kurzhaarschnitt zurecht und hängt ihre Tasche über die Lehne.

Die Abtei Niederaltaich im Rücken zu wissen, tut Sonja gut. Die Familie aber gibt ihr größeren Halt. Michael, ihr Mann, und die drei gemeinsamen Söhne. „Heute bin ich die Henne im Korb", strahlt Sonja. Früher hielt sie sich von Männern strikt fern. Sonja hat als Nonne in einem orthodoxen Kloster gelebt. Zunächst in der Bretagne, für ein Jahr als Novizin, und die folgenden neun Jahre auf der griechischen Insel Euböa. Weil sie Grenzen suchte. Sicherheit. Und eine Heimat.

Die hatte Sonja zuvor nie. „Von Heimat kann ja nur sprechen, wer längere Zeit an einem Ort gelebt hat", ist sie fest überzeugt und erzählt, wie sehr sie sich stets nach Wurzeln sehnte. Bis vor einigen Jahren grub sie erfolglos danach. Geboren in Nordrhein-Westfalen, zogen Sonjas Eltern mit ihr als Dreijähriger nach Bayern und dort alle paar Jahre von Ort zu Ort. „Meine Mutter war die Rast- und Ruhelose und brauchte ständig eine Veränderung." Irgendwann geriet der Boden unter Sonjas Füßen ins Wanken: Sie verweigerte das Abitur und ging von der Schulbank weg ins Kloster. „Ich war an meine Grenzen geraten", verrät sie. Ertrug die vielen Ortswechsel nicht mehr. Die immer neuen Freunde und Abschiede von endlich Vertrautem. „Hinzu kam, dass ich den bayerischen Dialekt nicht beherrsche und mich schon deswegen immer als Außenseiterin fühlte." Das Kloster dagegen bot Schutz. Seine Mauern hielten die Außenwelt vor Sonja fern und der Orden ordnete ihren Tagesablauf, das Denken, die Kleidung.

Sonja wuchs in einem christlichen Elternhaus auf, war katholisch getauft und besuchte die Gottesdienste am Sonntag. 1987, als Sonja gerade zwölf Jahre alt war, konvertierte die Familie zum orthodoxen Glauben. Die Mutter hatte ihre Begeisterung dafür in der Abtei Niederaltaich entdeckt, jenem Kloster an der Donau nahe Deggendorf, in der die Mönche als eine Gemeinschaft in zwei Traditionen leben: im römischen und byzantinischen Ritus. „Mir gefiel das orthodoxe Umfeld gut", erzählt Sonja und hebt die Reisen nach Griechenland hervor, die die Eltern mit ihr und den beiden Geschwistern im Namen des Glaubens unternahmen. Zu den Zielen gehörte auch das Kloster auf Euböa, das Sonja später, als junge Erwachsene, unter seine Fittiche nahm.

Irgendwann, sagt sie, fährt sie wieder hin. Aber nur mit der ganzen Familie. Mit Ehemann Michael, dem elfjährigen Jakob, mit Ludwig und Johann, der eine neun, der andere fünf. Sonjas Söhne wissen um die Vergangenheit ihrer Mutter. Sie hat ihnen Fotos gezeigt – und die Buben lachten herzlich über Mamas „Verkleidung". Trotz des Wunsches der Oma hat Sonja ihre drei Jungs nicht orthodox taufen lassen. „Die Äußerlichkeiten sind mir nicht mehr wichtig", sagt sie. Dass ihre Kinder Wurzeln schlagen, schon. Sie leben glücklich in einem Ortsteil der Kreisstadt Regen im Bayerischen Wald, als siebenköpfige Gemeinschaft, zu der von Anfang an auch Michaels Eltern gehört haben. Im Kirchenchor des katholischen Pfarrdorfs singt Sonja seit geraumer Zeit im Alt. Auch wenn das unter Orthodoxen verpönt ist, folgt sie heute ihrem Herzen – und weiß, dass ihr Weg der richtige ist. „Gott sei Dank!"

Der Eintritt in ein Kloster erfordert Mut. Der Austritt wohl noch mehr. Zunächst gefiel Sonja das Ordensleben auf Euböa gut. Das Kloster liegt abgeschieden und hoch oben am Berg, rundherum gab es nur Wälder. „Ich genoss diese Ruhe, die ich so dringend brauchte", erzählt sie. Sie fand es schön, „in Maria eine Mutter zu haben, die auf mich aufpasst". Die leibliche war ja weit weg, auch im übertragenen Sinn. Sonja erlernte die Ikonenmalerei und fand Gefallen an dem heiligen Handwerk. „Man muss genau wissen, wie man das Brett grundiert, die Vorzeichnung aufträgt, das Motiv malt und vergoldet", erklärt sie die einzelnen Schritte – und dass eine Ikone in feierlichem Schweigen und stiller Meditation entsteht. „Diese Kunst lässt sich schlecht mit Worten vermitteln. Sie muss eingeübt und ausgeführt werden, um sie zu verstehen."

Unverstanden fühlte Sonja sich, sobald sie ihren Mitschwestern Verbesserungen vorschlug. Den Klosterladen zum Beispiel hätte sie gerne neu sortiert und mit byzantinischen Farben und Bordüren ausgemalt. Oder die Antiquitäten aus der Zeit der türkischen Besatzung aus dem Klosterkeller geholt und an einem besseren Ort aufgestellt. Stattdessen wurde jeder ihrer Wünsche abgeschmettert – und das Zusammenleben mit den Schwestern zunehmend komplizierter. Ihnen missfiel, dass Sonja plötzlich so selbstbewusst war. Sie mahnten zum Gehorsam und legten noch strengere Regeln an. „Ich durfte nicht einmal zum Begräbnis meiner Uroma fahren", bedauert Sonja. Urlaub vom Kloster sah das Gelübde nicht vor.

Der Abschied vom Orden hat ihr trotzdem leidgetan. Obwohl: „Ich haderte oft mit meiner Entscheidung, ins Kloster gegangen zu sein, wollte die Flinte aber nicht gleich ins Korn werfen", erklärt sie. Außerdem: Gibt es nicht auch im weltlichen Leben Zweifel? Am Beruf? An Beziehungen? An der Ehe? Die führt Sonja seit elf Jahren glücklich mit Michael, ihrem einstigen Klassenkameraden an der Berufsoberschule in Deggendorf. Dorthin durfte sie für zwei Jahre mit einer Ausnahmegenehmigung ihres zuständigen Bischofs, zum Nachholen des Abiturs. „Wir haben uns kurz vor der Abschlussfahrt ineinander verliebt", erzählt Sonja und schwärmt von Michaels Hartnäckigkeit, mit der er sie von einem gemeinsamen Leben überzeugte.

Wir müssen den Kindern Stabilität geben.

Zunächst zweifelte Sonja erneut. Wird Gott sie bestrafen, wenn sie das Kloster verlässt? Um ihr Gelübde zu überprüfen, kehrte sie nach Euböa zurück – und fand sich nicht mehr zurecht. „Allein, was die Körperpflege anging, konnte und wollte ich mich nicht mehr umgewöhnen", erzählt sie. Während die Nonnen sich nur einmal pro Woche wuschen, genoss Sonja die täglichen Duschen mit Schaum und fein duftendem Öl. Sie ging. Und fühlte sich gut. „Ich bereue trotzdem keinen Tag meines früheren Lebens", sagt sie – und, nach einigem Zögern: „Es war eine spannende und heilende Zeit."

Sonja blickt auf ihr Handy und ist beruhigt. Kein Anruf von zu Hause, keine SMS, also Lust auf einen weiteren Kaffee. „Meine drei Rabauken bringen mich schon manchmal an den Rand meiner Kraft", gesteht sie. Doch sie ist glücklich wie nie. Längst ist sie angekommen im Bayerischen Wald. Hat einen Beruf, der sie erfüllt. Als Lehrerin an einer Mittelschule ist Sonja vor allem der sozialpädagogische Aspekt ihrer Arbeit wichtig. „Wir müssen den Kindern Stabilität geben. Nur dann werden sie selbstbewusst und kommen besser durchs Leben."

Sonja ist noch immer ein gläubiger Mensch. „Aber ich trage meinen Glauben jetzt nicht mehr mit Rock und Kopftuch nach außen." In der byzantinischen Kapelle von Niederaltaich ist sie nach wie vor gern. Mag ihre Mystik, die erhabene Ausstattung, das Licht. Für einen Gottesdienst dort findet sie trotzdem nur selten Zeit. „Die widme ich lieber meinen Kindern", lacht sie und erzählt einmal mehr von deren Lebhaftigkeit. Erst abends, wenn die Buben schon schlafen und im Haus Ruhe eingekehrt ist, denkt Sonja manchmal an ihr altes Leben zurück. An die schönen Momente im Kloster. Die Geborgenheit dort. Ihre Arbeit mit den Ikonen. „Vielleicht male ich wieder mal eine", sagt sie. Wenn sie Muße dazu hat. Und mehr Zeit, vielleicht auch für einen neuen blühenden Garten.

Sonja Stumpf als junge Nonne auf Euböa. Heute besucht sie die byzantinische Kapelle von Niederaltaich (rechts) noch immer gerne, deren Eingang ein bisschen versteckt im Klosterhof liegt (Seite 27).

S. 28: Eine Perle im Waldmeer: der Verlorene Schachten an der deutsch-tschechischen Grenze. Bis in die sechziger Jahre weidete Jungvieh den Sommer über auf der Alm, der Hirte lebte in der einfachen Blockhütte.

IRGENDWER WAR
IMMER VOR UNS SCHON DA

Die Zeit nimmt alles mit, sagt man. Und sie lässt alles beginnen. Wir waren, wir sind, wir werden sein – nur ohne Zeit sind wir nichts. Das Gebiet zwischen Donau und Moldau erzählt die Geschichte einer Nachbarschaft in der Mitte Europas. Archäologische Funde bezeugen frühe gemeinsame Siedlungs- und Kulturräume diesseits und jenseits der heutigen Grenzen. In manchen Epochen war die Gegend Transitgebiet, zu anderen Perioden besiedelt: von steinzeitlichen Jägern und Sammlern, frühen Hirten und Bauern, von den Kelten, von den Römern. Die Spuren römischer Siedlungen, Kastelle und Gebrauchsgegenstände sind so bedeutend, dass die UNESCO den bayerischen, österreichischen und slowakischen Abschnitt des Donaulimes 2021 zum Welterbe erhob.

Die Region erzählt auch vom frühen Christentum, von den Heiligen Gunter und Wenzel und mit Kaiser Karl IV. vom einflussreichsten europäischen Herrscher seiner Zeit. Bayerische, böhmische und habsburgische Adelsgeschlechter knüpften politische Bande über strategisch geschlossene Ehen. Klosterhandschriften zeugen von gegenseitigen Einflüssen in Glanzzeiten. Der Handel war Motor des Austauschs – Wege, Straßen und Flüsse wurden zu seinen Stromschnellen, transportieren Materielles und Geistiges. Sein Rohstoffreichtum hat seit jeher Menschen in den Donau-Moldau-Raum gelockt. Als Waldarbeiter, Glasmacher, Steinhauer, Bergleute, Flößer. Manche zogen weiter, viele blieben.

All diese Momente der Vergangenheit waren Wimpernschläge in der langen Geschichte der Gegend – und zeigen uns einmal mehr: Wir sind weder die Wichtigsten noch die Ersten. Irgendjemand war immer schneller und lange Zeit vor uns schon da.

VOM COWBOY
ZUM SINNSTIFTER

Franz Xaver Hirtreiter war sein Leben lang mit
Vollgas unterwegs. Als Bilderbuchunternehmer,
Berichterstatter und Bauer. Nun hat er sein Herz an
Afrika verschenkt. Bereitet Kindern eine gute Zukunft
und erntet dafür den schönsten Lohn der Welt:
goldglänzende Augen anstatt Geld.

D ie Geburt des elften Kindes verlief dramatisch. Der Dorfälteste
riet dem verzweifelten Vater, das Mädchen sterben zu lassen, um
wenigstens die Mutter zu retten. Denn wie sollte er, der einfache
Bauer, sonst die Familie ernähren? Den Alltag meistern und überleben
ohne die Frau? „Das Leben verlangt uns andauernd Entscheidungen ab."
Franz Xaver Hirtreiter taucht den Löffel in die Kristallschale und schaufelt
ordentlich Sahne auf sein Stück Kuchen. Geschichten wie die der komplika-
tionsreichen Geburt kennt er zur Genüge. Aus Kilimahewa. Aus Bupu. Aus
Kisegese. „In Tansania sind Familien mit vierzehn Kindern keine Selten-
heit", erzählt Franz. Menschen wie er dagegen schon.

Seit fünf Jahren lässt Franz sein Herzblut nach Afrika fließen. Baut Kran-
kenhäuser. Schulen. Kirchen. Infrastruktur. Aus Nächstenliebe und, viel
mehr noch, aus Selbstschutz. „600 000 Flüchtlinge versuchen im Moment,
über das Mittelmeer nach Europa zu gelangen", rechnet er vor. „Was aber
passiert, wenn sechs Millionen anfangen zu marschieren? Wer hält diese
Menschen auf?" Weil niemand darauf eine Antwort weiß, entschloss sich
Franz zur Hilfe vor Ort. Brach Erde auf in drei tansanischen Dörfern und
legte die Saat zum Lindern der Not.

Franz stammt selbst vom Bauernhof, wuchs auf zwischen Schafen und Rindern im Bayerischen Wald, mit zwei Geschwistern, einem visionären Vater und einer Mutter, die lieber Erbsen zählte als ihrem Mann zur Seite zu stehen. „Sie wollte seine Ideen immer aus Kostengründen verhindern", erzählt Franz. Der Vater blieb stur, ging nach München, um die Stadt vom Schutt des Weltkriegs zu befreien, wurde Zimmerermeister und arbeitete sich vom Hilfspolier zum Bauleiter am Lenggrieser Sylvensteinstausee empor, bei dessen Errichtung er 7000 jugoslawische Arbeiter dirigierte.

> ## Der Kuhstall war das Zündschloss zu meinem Erfolg.

Von seinem Anwesen im österreichischen Anzberg aus hat Franz die Veste Oberhaus im Blick, einst Sitz der fürstlichen Bischöfe von Passau und steinerner Ausdruck von Stärke und Macht. Seine Macht hat Franz mittlerweile abgegeben und sein Lebenswerk in die Hände der drei Kinder gelegt. Loslassen können, wenn die Zeit reif ist. „In einer disruptiven Branche wie dem Autohandel kann man nicht bis 80 arbeiten", erklärt er, weil auch dort, wie alles im Moment, dem Wandel unterliegt: Verbrenner würden durch Batteriefahrzeuge ersetzt und Autohäuser in Erlebniswelten mit Kaffeebar, Kino und Kletterwand umfunktioniert, in denen die Kundschaft von den Vorzügen eines Porsches beim Muskeltraining erfährt. „Ich habe nicht mehr den Ehrgeiz, diese Innovationen zu schultern", bekennt Franz – und gesteht, dass er trotzdem beim Abschied weinte.

Franz hat eine beispiellose Karriere hingelegt. Was er anfasste, verwandelte sich in Gold: „Mit mir haben die Banken keinen einzigen Cent verloren, aber viele Millionen verdient." Franz sammelte Autohäuser wie ein Wandersmann Pilze im Wald, formte aus 16 separaten Betrieben ein pferdestarkes Reich, in dem er Kompaktwagen und Sportflitzer gleichermaßen anbot, dazu Service rund ums Kraftfahrzeug – und 800 Mitarbeitenden Lohn und Brot.

Je älter Franz wird, umso mehr glaubt er zu wissen, dass es keine Zufälle im Leben gibt. „Alles ist Bestimmung", unterstreicht er eine Ansicht, die er früher vehement als Humbug abtat. Bevor Franz den ostbayerischen Automarkt dominierte, rangierte er als erfolgreichster Zeitungsmanager Deutschlands. Wiederum davor war er Redakteur – und züchtete Rinder. „Der Kuhstall war das Zündschloss zu meinem Erfolg." Er erzählt, dass er gerade seine Viecher fütterte, als der Verleger der *Passauer Neuen Presse* urplötzlich in der Stalltür stand und Franz um Unterstützung bat. „1988 war das, ich gerade 32 und seit wenigen Monaten Verlagsleiter in Landshut. Nun also sollte ich die PNP aus den roten Zahlen reißen."

Franz gelang das – und noch viel mehr: Von Passau aus fiel er in den soeben geöffneten Osten ein, warf in Budweis, Pilsen, Königgrätz und Aussig an der Elbe freie Regionalzeitungen auf den Markt und lehrte Europas Verlagswelt mit raschen Hunderttausenderauflagen das Staunen. Den Impuls dazu hatte die Revolution auf dem Prager Wenzelsplatz gesetzt: Mit Václav Havel, Václav Klaus und Petr Pithart hatte Franz die drei Anführer des bürgerlichen *Občanské fórum* Wahlplakate malen sehen – und sich ihrer erbarmt. Er bot an, die Plakate in Passau drucken zu lassen, je einen Meter hoch und in strahlenden Farben, wie es sie in der Tschechoslowakei bislang nicht gab. Havel, Klaus und Pithart hätten geweint vor Freude, sagt Franz – und gewannen die Wahl.

„In Tansania muss ein Massai einen Löwen mit dem Speer getötet haben, bevor er die Ehe eingeht." Franz blickt hinüber zu den zwei Raubkatzen, die er im Garten vor seiner Villa aufgestellt hat, lebensgroß und aus Stein. Er mag Löwen und besitzt laut Mareen, seiner Frau, ähnliche Charakterzüge wie sie: immer präsent, auch dann, wenn's keiner merkt, und auf der Jagd. Die Heirat des Passauer Zeitungsverlags mit den Tschechen erforderte damals Franz' ganze Aufmerksamkeit – und in der Hochzeitsnacht einen Coup: „Ich musste die Redakteure davon überzeugen, dass künftig die Pressefreiheit gilt und nicht mehr das Dogma kommunistischer Politik." Dazu legte er ihnen neue Arbeitsverträge vor und, nach erfolgreicher Unterzeichnung, jeweils hundert Mark bar auf die Hand. Schnelles Geld für lange ersehnten Konsum? Mitnichten: „Sie tankten damit ihre Škodas voll, um schnell abhauen zu können, wenn der Russe kommt."

Der kam nicht, stattdessen aber kamen weitere Länder hinzu, in die Franz mit Zeitungen expandierte: Polen, Österreich, Ungarn, Italien und die Slowakei. Als Geschäftsführer der Verlagsgruppe Passau war Franz in sechs europäischen Staaten aktiv – und bezahlte dafür einen sehr hohen Preis: „Es gab Tage, da startete ich mit dem Verlagsflieger um sechs Uhr früh nach Paris, bestieg um neun die Concorde nach New York, um dort acht Stunden mit Anwälten zu verhandeln, bevor die Reise retour ging und ich erst weit nach Mitternacht wieder zu Hause war." Drei Flüge pro Tag absolvierte er im Schnitt, was jährlich zu rund 550 Flugstunden führte – und Franz zu der Einsicht: „Das halte ich nicht ewig aus."

Nach zehn Jahren hatte er vom Jetset die Nase voll. Und von Politikern, gegen deren Korruptheit sich Franz nunmehr traute zu wehren. Die einst jungen Revolutionäre, die er damals so glühend verehrte, waren zu korrupten Spätkommunisten mutiert. Nutzten ihre Macht schamlos aus und forderten von Franz immer mehr: eine Hirschjagd in den rumänischen Karpaten, Helikopterskiing in Kanada und als Vorschuss für eine deutsche Buchlizenz 400 000 US-Dollar an Honorar. „Ich war die Hure Europas", gesteht Franz, „habe alles getan und vieles bezahlt." Bis der Bauernbub in ihm die Oberhand gewann und er sich eines Zitats seines Großvaters besann: „Unrecht bat ned", was in etwa heißt, dass unrechtes Handeln stets dem Verderben geweiht sei – woraufhin Franz seinen Hut nahm und ein neues Leben als Autohändler begann.

Es ist Juni und heiß auf der Terrasse in Anzberg, die Temperaturen sind über die Dreißig-Grad-Marke geschlüpft. Franz genießt den Sommer und scheint zufrieden mit sich, mit der Welt jedoch ist er es nicht: „Ich bin enttäuscht von den Nachfolgern Helmut Kohls." Die EU entwickle sich vom Friedensprojekt zum Ökonomiebündnis zurück, während des Corona-Lockdowns kontrollierten österreichische Soldaten mit Maschinengewehren die Grenzen. Überdies handle jedes Land nach seinem eigenen Gusto, ohne Veto aus Brüssel, erst recht ohne Konsequenzen. „Wir bräuchten aktuell das stärkste Europa aller Zeiten, aber genau das Gegenteil passiert. Ich habe den Glauben an Europa verloren."

Zum Glauben an Gott fand Franz zurück – und überdies fand er Wasser in 130 Metern Tiefe, in Kisegese, einem Dorf im Buschland Tansanias, das in keiner Karte zu finden ist, weil die heimische Regierung es beim Kartieren schlichtweg vergaß. Franz löste dort ein Gelübde ein: „Ich hatte mir geschworen, eine Kirche zu bauen, sofern meine Familie und das AVP Autoland den ersten Corona-Lockdown gesund überstehen." Gelobt, getan: Franz ließ die Kirche errichten und stattete den Glockenturm überdies mit Generator und Wassertank aus. „Nun kommen alle Einwohner dort zum Wasserholen zusammen – egal ob naturreligiös, Muslim oder Christ."

Die Welt retten kann Franz freilich nicht. Weitermachen indes schon. In Kisegese, in Bupu oder Kilimahewa, wo sein Einsatz mittlerweile Früchte trägt und der Missionsbenediktiner Bruder Markus darauf aufpasst, dass der Alltag geordnet läuft. Die Hühnerfarm zum Beispiel, die Franz mit zwölf an AIDS erkrankten Frauen gemeinsam entwickelt hat. Sie waren mitsamt ihrer vierzig Kinder von den Männern verstoßen worden, hatten nichts zu essen. Doch Franz hatte eine zündende Idee: „Wir rechneten aus, wie viele Hühner wir für die Farm brauchen, um zwölf Familien mit einem Durchschnittseinkommen zu ernähren, wenn jedes Huhn im Jahr zweihundert

Eier legt." 250 Legehennen und einmalig 10 000 Euro waren die Lösung, den Stolz der Frauen, die ihre Farm seither als angesehene Unternehmer-innen führen, gab es gratis dazu.

Heute schreibt Franz Bücher, deren Verkaufserlös vollständig nach Afrika geht. Er hat eine Stiftung gegründet, die für Kinder eine Zukunft vorsieht, und richtet sich in persönlichen Briefen regelmäßig an über 900 Spender. Trotz Europaverdrossenheit träumt Franz von einer besseren Welt. „If you can dream it, you can do it" lautet der Sinnspruch, den er sich einst zum Lebensmotto erkor. Damals, als er als jüngster Blattmacher Deutschlands zum Weltverlegerkongress nach Florida gereist war und am Cape Canaveral den Vorbereitungen zum Start eines Space Shuttle beiwohnte. „Alles, was du brauchst, ist Entschlossenheit, Fleiß, Ideen und eine Vision", resümiert Franz. Dann seien Grenzen nicht länger relevant. Die „Discovery" hat er noch angefasst, bevor sie wenige Tage später mit Vollgas ins Universum schoss. Und er weiß noch gut: Sie fühlte sich nach Schlangenhaut an.

„

Alles, was du brauchst, ist Entschlossenheit, Fleiß, Ideen und eine Vision.

FRANZ XAVER HIRTREITER

DER WERTEWÄRTER

Manfred Weber kommt aus der Provinz – und
macht Weltpolitik. Im Europaparlament führt er
die Christsozialen aus 27 Ländern an, mit leiser
Weitsicht statt lauter Extravaganz. Beharrlich auf das
europäische Wertefundament pochend, ringt er selbst
tiefen Krisen Ermutigendes ab. Für Europa. Solidarität.
Und gemeinsames Handeln.

INTERVIEW

*Wie erinnern Sie sich an das Inkraft-
treten des Maastrichter Vertrags
1993? Sie waren damals gerade 21 ...*
MANFRED WEBER Ich erinnere mich,
wenn auch nicht sehr deutlich. Den
Vertragsabschluss nahm ich aber
sehr wohl als weiteren wichtigen
Schritt in der Integration Europas
wahr, verbunden mit der allgemeinen Aufbruchstimmung nach dem
Fall des Eisernen Vorhangs.

*Welche Bedeutung hatte Europa für
Sie vor dreißig Jahren?*
Ich war jung, interessiert, wissbe-
gierig – und Europa war für mich
eine faszinierende Erfahrung von
Vielfalt. Als Mitglied der Jungen
Union habe ich meine Freunde ins

Auto gepackt und bin zu Kollegen
aus anderen Jugendorganisationen
nach Italien gefahren. Wir wollten wissen, welche Probleme die
hatten und wie sehr Herkunft und
geschichtliche Prägung das Lösen
von Aufgaben beeinflussen. Dabei
erkannte ich schnell, dass unsere
Themen die gleichen sind – egal
ob wir aus Italien kommen, aus
Deutschland oder aus Schweden.
Mich hat das fasziniert und begeistert. Wem Europa wichtig ist, muss
Vielfalt lieben und sie als Bereicherung empfinden. Das macht uns zu
Europäern.

*Was hat Sie zu einem politischen
Menschen gemacht?*

Zunächst ist man ja kein politischer, sondern ein interessierter und begeisterungsfähiger Mensch. Man fragt nach und bildet eine eigene Meinung, mit der man überzeugen und Mehrheiten bilden möchte. Ein ganz normaler demokratischer Vorgang quasi. Als ich achtzehn war, lud mich der Bischof von Regensburg ein, im Diözesanforum mitzuwirken – vermutlich weil ich in der Katholischen Landjugend meine Meinung recht lautstark vertreten hatte. Meine erste Großveranstaltung, die ich organisiert habe, war eine Lichterdemonstration für Respekt in der Gesellschaft, in Abensberg Anfang der neunziger Jahre. Ihr vorausgegangen waren bundesweite Brandanschläge in Asylbewerberheimen. Wir wussten nicht, ob zur Demo fünfzig Leute kommen oder hundert – und plötzlich war die ganze Stadt voller Menschen. Das hat mich sehr berührt, beeindruckt und letztlich weiter motiviert, Verantwortung zu übernehmen.

Wenn Sie die Entwicklung Europas betrachten: Was bereitet Ihnen Freude?
Es ist eine gesellschaftliche Megaleistung, dass wir Probleme und Konflikte in der Europäischen Union nicht mehr durch Kriege lösen, sondern über Diskussionen und Abstimmungen. Darüber freue ich mich jeden Tag. Ich bin Mitglied in einem Parlament, das mehr als 440 Millionen Menschen aus 27 Ländern vertritt. Wenn man noch alle Parteien und ihre unterschiedlichen ideologischen Denkrichtungen miteinbezieht, ist es schlichtweg faszinierend, dass es uns gelingt, einvernehmliche Wege zu finden. Konsens ist ein Friedensgarant! Der Krieg in der Ukraine macht dies einmal mehr dramatisch deutlich.

Russlands Überfall auf die Ukraine stellt das Friedensprojekt Europäische Union auf eine historische Probe – und vor große Herausforderungen. Was werden die dringlichsten Aufgaben in den kommenden Jahren sein?
Wir Europäer müssen uns überlegen, ob wir in der Welt von morgen zwischen den großen Blöcken noch eine Rolle spielen wollen. Dass Putin versucht, Europas Friedensordnung und das europäische Lebensmodell zu zerstören, zeigt: Es gibt keine sinnvolle Alternative zum entschlossenen Miteinander der europäischen Demokratien. Am dringlichsten ist, dass die EU außen- und verteidigungspolitisch handlungsfähig wird. Heute schützen uns die USA. Im Zweifel müssen wir Europäer aber unseren Kontinent selbst verteidigen können. Und dafür braucht es weitgehende Reformen in der EU – angefangen bei der Stärkung der Verteidigungsfähig-

keit über ein Ende des Einstimmig-keitsprinzips in der Außenpolitik bis hin zu mehr Souveränität, etwa bei Lebensmitteln und Energie.

Freiheit ist ein zentrales Gut für uns Europäer – und steht gleichzeitig in einem Spannungsverhältnis zu anderen Werten. Was bedeutet der sich verschärfende Systemwettbewerb mit autoritären Staaten für unsere Freiheit?

Wir sind in einem knallharten und tiefgehenden Systemwettbewerb zwischen den freiheitlich-demokra-tischen Ländern und autoritär oder diktatorisch geführten Ländern wie China oder Russland. Es geht um die globale Macht und darum, ob sich Demokratien behaupten kön-nen. Ich bin immer für Zusammen-arbeit, Diplomatie und enge Wirt-schaftsbeziehungen. Unsere Länder dürfen sich aber nicht abhängig machen von Systemrivalen. Dies gefährdet unsere Selbstbehauptung. Die Aufgabe der kommenden Jahre ist die Garantie der Souveränität der freiheitlich-demokratischen Län-der. Und dies setzt eine viel engere Kooperation mit der freien Welt voraus, als wir sie bisher kennen.

Immer wieder wird unser European Way of Life, also die Art und Weise, wie wir zusammenleben und Gesell-schaft denken, im Inneren brüchig, wie zuletzt in Ungarn und Polen. Wie

motivieren Sie die Bürger dieser Län-der, die einst zu den europabegeis-tertsten der ganzen Union gehörten, sich weiter für ein geeintes Europa einzusetzen?

Die Menschen dort muss man nicht überzeugen. Sie stellen Europa nicht in Frage, sondern stimmen der EU mit sehr großen Mehrheiten zu. Ganz anders beim Brexit: Hier war die britische Gesellschaft fast zu gleichen Teilen gespalten. Europa gelingt mit Verständnis und Zu-hören, nicht aber durch das Erteilen von Lektionen. Diesbezüglich funk-tionieren Mittel- und Osteuropa ganz anders als der Westen. Beispiel unabhängige Justiz: Nach der Wie-dervereinigung Deutschlands wur-den bayerische Richter nach Thürin-gen entsandt und es wurde versucht, das westlich-demokratische Rechts- und Kulturverständnis quasi un-mittelbar zu implementieren. In Tschechien dagegen waren viele alte Richter die neuen Richter, ebenso in Slowenien, Ungarn oder Polen. Dort wurden Richterämter zum Teil an die eigenen Kinder vererbt. Das ist natürlich keine Entschuldi-gung für den Status quo, denn die Unabhängigkeit der Justiz ist nicht verhandelbar. Das gegenseitige Zu-hören aber, das Verständnis für- und der Respekt voreinander müssen die Grundlage unseres Miteinanders bilden – und damit die Basis für jede Debatte, die wir führen.

*Aktuell gehören 27 Länder der Euro-
päischen Union an. Für welche Länder könnte sich – neben der Ukraine –
der Wunsch nach einer Aufnahme in
die EU noch erfüllen?*

Hier stellt sich zunächst die Frage,
von welchem Europa wir reden. Es
gibt ja verschiedene Konzepte, etwa
ein Europa als reiner Wirtschafts-
verbund. Ich dagegen möchte ein
politisches Europa mit gemeinsamer Wertegrundlage. Dazu muss
die Identität der Menschen berücksichtigt werden. Ich verstehe mich
als Bayer, Deutscher und Europäer.
Das passt zusammen. Auch die
Warschauer, Budapester und Bel-
grader sehen sich als Europäer. Bei
den Kurden in der Türkei kurz vor
der irakischen Grenze dagegen ist
die Sache nicht mehr so eindeutig.
Insofern baut Europa auf einem
Gefühl der Zugehörigkeit auf, was
viel mit Kultur und Geschichte und
weniger übrigens mit Religion zu
tun hat. Dass die westlichen Balkan-
länder mit Serbien, Montenegro und
Albanien einmal zur EU gehören,
ist klar. Mit ihnen verhandeln wir
gerade, was umso wichtiger ist,
weil dieser Raum in Nationalismen
zurückzurutschen droht. Bauen
wir keine klare Beitrittsperspektive
auf, werden sich andere Mächte wie
Russland, China oder die Türkei
dieser wirtschaftlich schwächeren
Länder annehmen.

*Die Türkei strebt seit längerem einen
Beitritt zur Europäischen Union an,
missachtet aber nach wir vor Menschenrechte, beschneidet die Medien-
freiheit, diskriminiert Frauen und
bestimmte Volksgruppen. Gleichzeitig
ist die EU in der Flüchtlingspolitik auf
die Kooperation Ankaras angewiesen.
Wird die EU mit der Türkei jemals
einen Konsens finden?*

Das Glas ist weder halb voll noch
halb leer. In vielen Bereichen sind
wir uns einig, etwa bei der wirtschaftlichen Kooperation. Für die
Türkei ist sie ein Segen, weil viele
Menschen dadurch zu Wohlstand
kamen und ihre Heimat nicht verlassen mussten. Die Türkei ist in
den europäischen Wirtschaftsraum
integriert – und das funktioniert
weitgehend gut. Leider aber setzt
Erdogans Politik auf Aggression
und Spaltung. Angesichts dieser
Entwicklung müssen wir unser
Verhältnis zur Türkei grundsätzlich überdenken. Meiner Meinung
nach hat die Phase, in der wir der
Türkei die Vollmitgliedschaft zur
EU angeboten haben, zur Entfremdung geführt. In Europa hatten und
haben viele Angst und Sorge vor der
Türkei – und die Türkei wiederum
nahm unser Angebot nicht ernst.
Man muss jetzt einen Strich unter
die Sache ziehen und eruieren, in
welchen Bereichen wir miteinander
vorankommen können. Um Ängste
und Enttäuschungen abzubauen,

sollten wir Europäer der Türkei ein neues Angebot machen. Aber ein ehrliches – und das heißt: kein regulärer EU-Beitritt.

Das Zusammenwachsen Europas entscheidet sich weniger in den Parlamenten in Straßburg und Brüssel als vielmehr vor Ort an den Grenzen. Die Dreiländerregion Deutschland–Österreich–Tschechien scheint hier auf einem guten Weg. Was können andere europäische Gebiete vom Dreiländerraum an der Nahtstelle des einstigen Ostblocks zur westlichen Welt lernen?

Jede Menge. Die Region stellt den europäischen Mittelpunkt dar, nicht nur geografisch. Europa wird nicht in Berlin, Prag oder Warschau gelebt, sondern genau in diesen Länderregionen, in denen die Menschen Tag für Tag miteinander zu tun und erkannt haben, dass diese Gemeinschaft eine Bereicherung ist. Freilich bereiten Veränderungsprozesse zunächst Sorge und setzen Ängste frei. Wie man am Beispiel der Dreiländerregion Deutschland–Österreich–Tschechien aber sieht, spüren die Menschen längst die Vorteile. Der Raum ist heute eine europäische Vorbildregion und stärker denn je. Es gibt weder Jugend- noch Winterarbeitslosigkeit. Und allein was die Tschechen in den vergangenen dreißig Jahren geleistet und aufgebaut haben, ist enorm.

Die Covid-19-krisenbedingte Schließung der Grenzen hat vielen innereuropäischen Begegnungsprojekten einen Rückschlag versetzt. Wie können grenzübergreifende Kooperationsräume – auch im Hinblick auf künftige Krisen – besser geschützt werden?

Dass plötzlich wieder Militär an den Grenzen stand, hat viele Menschen geschockt, aber auch wachgerüttelt. Oder glaubt noch jemand ernsthaft, Ländergrenzen könnten ein Virus aufhalten? Die Krise hat uns deutlich aufgezeigt, dass wir die Zusammenarbeit und die europäischen Strukturen weiter stärken müssen. Was hätten wir nur ohne die EU-Fördergelder zur Entwicklung des Biontech-Impfstoffs gemacht? Oder ohne den europaweit anerkannten digitalen Impfpass, den zahlreiche Staaten außerhalb der EU sehr bald übernommen haben? Europa war in der Krise nie das Problem, sondern hat Antworten gegeben – bis hin zu den Investitionen im Rahmen des Wiederaufbauplans, um die Wirtschaft wieder in Schwung zu bringen. Um Grenzschließungen künftig zu vermeiden, brauchen wir freilich eine noch stärkere europäische Exekutive. Die EU muss das Recht haben, Grenzschließungen zu prüfen und im Zweifelsfall zu untersagen, wenn offenkundig ist, dass sie unnötig sind. Das freie Übertreten europäischer Binnengrenzen ist im Schengener Abkommen schließlich als Grundrecht verankert.

Die Pandemie hat auch den Nationalismus befeuert. Wie lässt er sich zugunsten einer starken europäischen Identität wieder zurückdrängen?
Man muss sich mutig hinstellen und argumentieren. Leider wird in der öffentlichen Debatte zu stark national argumentiert und Europa viel zu wenig verteidigt. In der Vergangenheit wurde alles Gute national und regional verbucht und alles Schlechte nach Brüssel abgeschoben. Das dürfen sich die Menschen künftig nicht mehr gefallen lassen. Europa, die Europäer müssen selbstbewusster werden. Wir haben wirklich gute Argumente für Europa und können Menschen überzeugen – dank unserer offenen, liberalen Demokratie, für die man weiter auf- und einstehen muss.

Die Dreiländerregion Deutschland–Österreich–Tschechien war immer schon ländlich geprägt – und einst voller stolzer Bauern. Wer dagegen durch die Agrarpolitik der EU wandert, gelangt vom Jammertal des Mangels über Butterberge hin zu Produktionsformen, die weder den Ansprüchen der Verbraucher gerecht werden noch die Bauern glücklich machen – von Naturzerstörung und Missachtung des Tierwohls ganz zu schweigen. Mit welchen Ideen wird die EU ihre Agrarpolitik weiterentwickeln?

Europa steht finanziell sehr stark zu ländlichen Räumen. Städte dagegen profitieren viel weniger von EU-Fördergeldern. Über Regional-, Wirtschafts- und grenzüberschreitende Gelder ist Europa starker Partner des ländlichen Raums – und natürlich auch der Bauern. Die Landwirtschaft zu ökologisieren, sie naturnäher und nachhaltiger zu gestalten, ist klarer Anspruch. Zu Recht sagen hier aber die Bauern, dass sie in der Sache überzeugt werden wollen und nicht über negative Kampagnen, die die Landwirtschaft als Industriefabriken darstellen. Das Wichtigste ist – und hier appelliere ich an die gesamte Gesellschaft, wieder mehr Respekt unseren Bauern gegenüber zu zeigen und die wichtigste Produktion, die wir haben, stärker wertzuschätzen – die Herstellung gesunder Lebensmittel, die alles andere als selbstverständlich ist.

Reisen wir dreißig Jahre in die Zukunft, ins Jahr 2053: Wie hat Europa die Herausforderungen Klimawende, soziale Gerechtigkeit und Migration bewältigt?
Ich bin dann 81 und vermutlich nicht mehr im Europaparlament, hoffe aber, dass in dreißig Jahren das autonome Fahren so ausgereift ist, dass es mich im Alter komfortabel durch den ländlichen Raum flitzen lässt (lacht). Spaß beiseite. Für viel

wichtiger als konkrete Megathemen halte ich die Methodik: Haben wir bis zum Jahr 2053 kapiert, dass wir Aufgaben nur gemeinsam lösen können? Heute ist das noch nicht zu hundert Prozent der Fall, wie man an den regionalen und nationalen Dimensionen, die hier und da noch immer aufscheinen, sieht. Wenn wir unsere Themen nicht miteinander anpacken, spielen wir in der Welt von morgen keine Rolle mehr. Europa zählt nur zehn Prozent der Weltbevölkerung, mit sinkender Tendenz. Und nur wenn wir die Methodik des Miteinanders leben, können wir uns weiter in der Welt behaupten. Wer glaubt, die Migration oder den Klimawandel national lösen zu können, unterliegt einer fatalen Illusion. Hoffentlich haben wir unseren europäischen Vorsatz, bis 2050 klimaneutral zu werden, schon ein paar Jahre vorher umgesetzt und können der Welt zeigen, dass wir Wohlstand, Wettbewerbsfähigkeit, soziale Balance und Arbeitsplätze gehalten haben und trotzdem ökologisch nachhaltig sind. Und bei der Migration sollten wir die Balance gefunden haben zwischen der Fähigkeit, Flüchtlinge aufzunehmen, und einem offenen Herzen gegenüber jenen Regionen, die unsere Hilfe brauchen. Wir sollten unsere christliche Grundprägung nicht vergessen. Und das Wichtigste ist, dass sich Europa in der Welt behaupten kann,

damit der European Way of Life Bestand hat. Die Aufgaben sind freilich gewaltig, aber ich bin optimistisch, dass wir sie bewältigen können. Mit Mut und der Lust aufs Verändern und Gestalten.

Angenommen, eine Fee stellt Ihnen die Erfüllung dreier Wünsche in Aussicht. Welche geben Sie ihr mit?
Was Europa angeht, würde ich die Fee bitten, uns zu helfen, aus dem Gegeneinander herauszukommen. Jeder und jede ist natürlich weiterhin Deutscher, Österreicherin oder Tscheche, aber in jedem Fall Europäerin oder Europäer. Mein zweiter Wunsch richtet sich an die Gesamtgesellschaft: Wir sollten uns unserer Religiosität besinnen, sie gehört zum Menschsein dazu – nicht missionarisch gedacht, aber als Halt und Orientierung für jedermann. Und bei meinem dritten Wunsch geht es einmal mehr um den Zusammenhalt. Durch die sozialen Medien erlebe ich Bubble-Bildung und das Auseinanderdriften der Gesellschaft. Jeder lebt in seiner Welt und wir hören uns nicht mehr zu. Umso wichtiger sind Orte, an denen wir wieder zusammenkommen können. Der typisch bayerische Stammtisch etwa, wo der Bauer, der Professor und der Pfarrer um die unterschiedlichsten Alltagsthemen ringen. Mit Worten und in gegenseitigem Respekt.

Öfter mal die Perspektive wechseln!
Brücken bauen, sich begegnen! Das
gehört zu den inspirierenden Kräften
des Menschen und macht Grenzer–
fahrungen produktiv.

LINZ: PROVINZ?

„Linz – man lächelt immer in Österreich, wenn jemand diesen Stadtnamen nennt, er reimt sich zu unwillkürlich auf Provinz. ... Nicht wie in Prag eine große ruhmreiche Tradition, keine Oper, keine Bibliothek, kein Theater, ... keine Festlichkeiten ....." Skizzierte Stefan Zweig die oberösterreichische Landeshauptstadt 1929 in seinem Romanporträt über Napoleons berüchtigten Polizeiminister Joseph Fouché als verschlafen, rückständig und unkultiviert, so wäre seine Wahrnehmung heute sicherlich eine andere. Längst ist Linz aus den Schatten Salzburgs und Wiens herausgetreten. Auch ihre braune Vergangenheit hat die Stadt hinter sich gelassen. 1938 nämlich war Linz der Titel „Patenstadt des Führers" zugefallen, nachdem Adolf Hitler die Stadt zur Waffenschmiede des Dritten Reichs und zum Zentrum der Kultur und Künste am Donaufluss geformt haben wollte.

Nicht erst seit der Ernennung zur Kulturhauptstadt Europas 2009 präsentiert sich Linz als so unkitschige wie zeitkritische Metropole der Gegenwart, wovon unter anderem das Lentos Kunstmuseum, das Brucknerhaus und die Ars Electronica mit ihren weltweiten Renommees zeugen. Künstlerische, kulturelle und rechtliche Grenzen lotet überdies der Mural Harbor im Linzer Hafen aus: Europas größte Graffiti- und Mural-Galerie drückt der Donaustadt mit überdimensionierten Wandbildern lokaler und internationaler Graffiti Writer, Street Artists und Muralists den Stempel als knallbunt urbaner Leuchtturm im Donau-Moldau-Raum auf.

Linz bewegt. Wer neugierig durch die Straßen flaniert, findet an jeder Ecke Kultur und Inspiration. Oder gute Aussichten, beispielsweise hoch oben auf dem Pöstlingberg mit seiner imposanten Wallfahrtskirche (unten).

47

WURZELN
UND
WACHSEN

DAS WALD-LAND:
RAUM FÜR
ZEIT UND GEIST

ls sich am 23. Oktober 2019 rund vierzig Botschafter und Diploma-
tinnen aus 23 Ländern zur Überwachung des Kernwaffenteststopp-
vertrags trafen, geschah dies nicht etwa am Sitz der Vereinten Nationen in Wien, sondern dort, wo man gemeinhin Hunde begraben wähnt:
mitten im Wald. Genauer: im Bayerischen Wald auf dem Sulzberg nordöst-
lich der Kreisstadt Freyung, vier Kilometer von der tschechischen und einen
Tagesmarsch von der österreichischen Grenze entfernt. Hier, in bewaldeter
Leere und bombenfest auf Granit und Gneis gebaut, registriert das German
Experimental Seismic System, kurz GERES, jede noch so kleine Erschüt-
terung der Welt – vom Beben natürlichen Ursprungs bis zur Detonation
infolge von Atomtests im mehr als 8000 Kilometer entfernten Nordkorea.
Die Vermessung der Erde auf einem kleinen Stück Wald.

Der Wald ist eine Welt mit Maß und Ziel – und für mich unwidersteh-
lich. Wer einmal erlebt hat, wie die Hügelketten des Bayerischen und
Böhmerwalds im diesigen Licht zur Geisterlandschaft verschwimmen, aus
der einzelne Bäume wie knochige Riesen auferstehen, wird den Wald nicht
mehr los. Wir Europäer sind Kinder des Waldes. Er ist uns Heimat und
gleichzeitig fremd. Mal ist er beschützende Kathedrale, mal äußerste Gefahr, dann wieder Rückzugsort und mahnender Lehrer. Vielleicht brauchen
wir Wälder, um Mensch zu sein. Die Tiefen unserer Seele zu entdecken
und zu erkennen, was wir wirklich sind: Bürgerinnen und Bürger der Natur – und gut beraten, die Weisheit der Wälder in ihrer Vielsprachigkeit zu
ergründen.

Die Dreiländerregion Deutschland–Österreich–Tschechien ist ein Wald-
Land. Hier wächst der Bayerische mit dem Böhmerwald zum größten Wald-
gebiet Mitteleuropas zusammen, dessen Lichtstimmung und üppige Natur
auf dem Kontinent einmalig sind. Das grüne Dach Europas über einer wohl-

tuend menschenarmen Landschaft. Der Gegenentwurf urbaner Zivilisation. Naturland. Provinz, die uns Geduld abverlangt und Zeit schenkt, zum Hinschauen und Nachdenken über unser Dasein, das Werden und Vergehen, die Unendlichkeitsschleife ohne Ende und Anfang.

Ich frage mich manchmal, was passieren würde, ließe ich mich nur auf das ein, was mich unmittelbar umgibt. Wie würde die Welt sich verändern, wenn alle das täten? Entstünde daraus Engstirnigkeit? Oder Spiritualität? Wir sehen oft den Baum vor lauter Wald nicht. Dabei zeigt er uns das Wesentliche: stehenzubleiben. Sich dem Gegenüber zuzuwenden, seinen Botschaften und Nöten, seinem Sehnen.

Stattdessen beschäftigen wir Menschen uns gerne mit dem, was weit entfernt liegt. Sind „Fernseher, Fernhörer, Fernwisser", wie Max Frisch es in seinem 1954 publizierten Roman *Stiller* so trefflich formulierte. Und, ja, es gehört auch zu meinem Selbstverständnis, mich weltumspannend zu interessieren und verantwortlich zu fühlen – wohl wissend, dass womöglich die Beachtung des Nächstliegenden darunter leidet. Was bliebe übrig, wenn wir alles, was wir nicht selbst gesehen und erlebt haben, aber worüber wir Bescheid zu wissen glauben, subtrahierten?

Der Böhmerwald – und ich meine hier das geologische Massiv, das den Bayerischen Wald miteinschließt – ist ein Ort der Reduktion. Er hat schon immer Pioniere, Abenteurer und Kreative angezogen. Menschen, die dem kargen Leben Ideenreichtum entgegensetzten und sich eine sprichwörtliche „Neue Welt" errichteten wie im östlichsten Zipfel Bayerns, den der Friedensvertrag von Pressburg im Zuge der europäischen Aufteilung 1805 vom Kaisertum Österreich löste und dem neugeschaffenen weiß-blauen Königreich zuschlug.

Die Abgeschiedenheit dieser Landschaft, die Einsamkeit des Waldes halten nicht alle aus. Dabei kann sie heftig berauschen, was dem Böhmerwald auf Tschechisch zu seinem poetischen Namen verhalf: Šumava, die Rauschende. Ein Wald ist mehr als die Versammlung von Bäumen. Er ist Wirtschaftsgut und Rohstoffreich, Lebensraum und Wildnis, Sauerstoffproduzent, CO_2- und Wasserspeicher. Und er ist ein magisches Gebiet. Ein Sehnsuchtsort. Oft überfällt mich im Wald die Illusion des Elementaren, wie sie sonst nur das Hochgebirge oder die Wüste bewirken. Kaum entferne ich mich vom Wald, habe ich das Gefühl, das Licht zu verlieren. Die kühle Helle der Morgen, das flirrende Blau zu Mittag, das Diffuse der Abende. Den ganzen Glanz des Lebens und funkelnde Erinnerungen. Wie Wellen eines großen Meeres gleiten sie hintereinanderher.

HAUS DER GÄSTE

Wolfgang Baumüller liebt, wo er lebt. In Kollerschlag, am Waldrand und gefühlten Ende der Welt. Zu ihm verirren sich die Großen des internationalen Kunstbetriebs – und bleiben, weil das Handwerk so gut ist, die Landschaft so schön und das Denken so offen. Oder das Tipi im Garten voller Musik.

Früher war noch mehr Trubel. Die erwachsenen Kinder zu Besuch, drei Töchter und der Sohn, dazu die jeweiligen Partner und, natürlich, die Enkelkinder. Außerdem: die Brüder aus Düsseldorf und Wien. Und manchmal noch die Schwester als Älteste von allen, die für tagsüber aus Linz angereist kam. Wolfgang Baumüller hat ein offenes Haus. Für Familienangehörige, Freunde, Nachbarinnen – und Kunstschaffende. Wer durch die nur selten abgesperrte Haustür in die große Wohnküche tritt, ist gleich mittendrin. Wird eingeladen, sich an den großen Eichentisch zu setzen. Kaffee zu trinken oder Kräutertee oder ein Bier. Und zu essen, vom Schinkenbrot über selbst gebackenen Kuchen bis zum Erdäpfelgulasch als deftigen Abschluss. „Das war bei meinen Eltern schon so." Wolfgang zuckt mit den Schultern. Für ihn ist Gastfreundschaft das Normalste der Welt.

Wolfgang ist ein Geschäftsmann. Gelernter Gemischtwarenkrämer, der schon von Berufs wegen die Geselligkeit mag. Sonntags geht er ins Wirtshaus, zum Stammtisch unter alten Männern. „Von den jungen geht ja keiner mehr zum Frühschoppen", bedauert er. Weil's landauf, landab immer weniger Wirtshäuser gibt. Oder umgestellt wurde vom Beisl aufs Restaurant, wie in letzter Zeit häufig im Mühlviertel, Wolfgangs Heimatregion. „Ich bin ein Kollerschlager." Ein gebürtiger und mehr noch ein überzeugter. Einer, der nicht woanders leben möchte als hier, am Rande des Böhmerwalds, in unmittelbarer Nähe zur deutschen Grenze, zwischen Rohrbach und Passau, obwohl er so viel mehr gesehen hat von der Welt – die aber ohnehin seit vier Jahrzehnten bei ihm zu Gast ist.

Mit der „Werkstatt Kollerschlag" sind die Baumüller-Brüder zu internationalem Ansehen gelangt. Heinz, der Bildhauer und Grafiker, Werner, der Werbetexter und Schriftsteller, Wolfgang, der Praktiker und Manager. „Wir haben Künstler zur Umsetzung ihrer Entwürfe mit unseren Mühlviertler Handwerkern zusammengebracht." Nicht etwa Kunstschaffende aus der Region, sondern Hochkaräter von Weltrang. „Der Joseph Beuys war der erste." Wolfgang füllt Tee nach in seine Mammuttasse und nimmt sich ein Stück Hefezopf, das er dick mit Butter und Marillenmarmelade bestreicht. „Heinz hat ihn an der Akademie in Düsseldorf kennengelernt und zu uns gebracht." Mitte der achtziger Jahre war das. Beuys war auf der Suche nach einer Idee, wie die Zusammenarbeit mit dem frisch gegründeten Unternehmen des kunstsinnigen Brüder-Trios gelingen könnte. Eine Schultafel war die Lösung. Heinz hatte sie auf einem Düsseldorfer Speicher aufgestöbert, Beuys darauf handschriftlich sein schon länger währendes Gedankenspiel „noch xxx Tage bis zum Ende des Kapitalismus" um die

Zahl „1017" ergänzt und daraus die erste Arbeit der *Werkstatt Kollerschlag* geboren. Er war zufrieden, der Stolz der Brüder groß und der Grundstein für ihren Erfolg unverrückbar gesetzt.

Das Mühlviertel zeichnet sich durch gute Handwerker aus. Könner an Stein und Stahl, mit Holz und Glas. Mit den besten stellt die *Werkstatt Kollerschlag* die Arbeiten der ganz Großen des internationalen Kunstbetriebs her. Fernab der Metropolen, am gefühlten Ende der Welt. Den Alu-Guss *Tägliches Brot* von Tony Cragg zum Beispiel. Den zwölf Meter hohen Blumenhund *Puppy* von Jeff Koons, Rachel Whitereads Holocaust-Mahnmal für den Judenplatz in Wien oder den *Hammering Man*, jenes weltbekannte Monumentalsymbol für Solidarität und Arbeit von Jonathan Borofsky.

»

Wir arbeiten nicht länderübergreifend, blicken aber inhaltlich über Grenzen hinweg.

Menschen zusammenzubringen, ist Wolfgangs Spezialität – und besonders spannend, wenn die Verständigung im ersten Augenblick so gar nicht funktioniert. Weil das Gegenüber eine andere Sprache spricht. Oder schlichtweg andere Interessen besitzt. „Dann greift die Formensprache der Kunst", weiß Wolfgang und erzählt von einer freien Holzarbeit, die der kanadische Bildhauer David Rabinowitch zusammen mit einem Kollerschlager Zimmermann realisierte. Aus Mangel an der Sprache des jeweils anderen ohne Worte, dafür mit Händen, Füßen und jeder Menge Empathie. „Am Ende war der eine happy und der andere glücklich."

Während die Zimmerer, Schlosser, Glasbläser und Steinmetze der Region durch die alltagsfernen kreativen Herausforderungen an jene Leidenschaft anknüpfen, mit der sie einst ihr Handwerk erlernten, geht Wolfgang mit den Künstlern im Böhmerwald spazieren. „Alle sind begeistert von dieser einzigartigen Landschaft und gestärkt von der Kraft, die im Granitmassiv steckt." Wenn Wolfgang nicht wandert, ist er mit dem Fahrrad unterwegs, im Mittelgebirge vor seiner Haustür, dem er allzu gerne den Vorrang vor den Alpen gewährt. „Ich möchte nicht zwischen Dreitausendern wohnen. Das würde mich im Blick einschränken. Und im Denken." Landschaft macht etwas mit Menschen. Verwurzelt sie wie der Boden den Baum. Die Mühlviertler, sagt Wolfgang, sind ein ganz eigener Schlag. „Die Gegend karg, die Arbeit hart – das hat die Leute geprägt." Der Wald hat es auch. War immer Kraftplatz und fing Seelen auf. Auch Wolfgang hat „seinen" Baum, den er in regelmäßigen Abständen besucht. Es gehe ums Hineinspüren, erklärt er.

Um die Verbindung mit der Natur und ihren Jahreszeiten. Um Verbundenheit. „Der Wald hat seine Wirkung, das weiß man ja heute." Und danach sei alles wieder besser.

Vor zwanzig Jahren ist Wolfgang mit seiner Frau Maria und den Kindern rausgezogen aus der Kollerschlager Dorfmitte, hat sein Elternhaus gegen ein altes, charmantes Sacherl am Waldrand eingetauscht. Es ist hier noch einsamer als ohnedies auf dem Land. Und rundherum grün. So gern er das Haus voller Gäste hat – Wolfgang braucht heute mehr Ruhe. „Im Grunde bin ich ja ein Pensionist, der nie aufgehört hat zu arbeiten. Was soll ich auch sonst tun?" Freilich: Ein bisschen kürzer sind sie bereits getreten mit ihrer Werkstatt, Wolfgang und seine ebenfalls rentenaltrigen Brüder. Die Werkstatt schließen indes würden sie nie. „Dazu haben wir uns über vierzig Jahre zu viele schöne Kontakte aufgebaut."

Einen mittelgroßen Batzen seiner Zeit will Wolfgang weiterhin den „Grenzgängern" widmen, einem so kleinen wie rührigen Kulturverein, der sich in Kollerschlag gesellschaftlicher, sozialer, infrastruktureller und musischer Themen gleichermaßen annimmt. Spielplätze baut. Wanderwege ausweist. Konzerte organisiert. „Wir arbeiten nicht länderübergreifend, blicken aber inhaltlich über Grenzen hinweg", erklärt Wolfgang, der den Vereinsvorsitz erst kürzlich nach zehn Jahren in die Hände Jüngerer gelegt hat.

Und dann ist da noch die Loge *Zu den vereinigten drei Flüssen*, die Wolfgang alle vierzehn Tage zur Zusammenkunft nach Passau ruft. Der genaue Ort: geheim. Konkrete Themen: auch. Wolfgang ist, seiner Liebe zu den Handwerkszünften sei's geschuldet, Freimaurer. Wie schon Mozart, Goethe oder Tucholsky. „Wir sind ein Männerclub von kreativen Freigeistern, die sich zu unterschiedlichen geistigen Inhalten austauschen." Mehr nicht? „Mehr nicht." Die Geheimnistuerei um die Freimaurerei sei längst Geschichte, bekräftigt Wolfgang. Freilich: „Früher war es oft überlebenswichtig, dass die Brüder im Hintergrund arbeiteten." In der Zeit des Nationalsozialismus zum Beispiel. Oder in den Jahren vor der Säkularisation, als Kirchenfürsten ihre Untertanen im Namen Gottes beherrschten und die Freimaurer sich zur Auflehnung gezwungen sahen gegen das religiöse Diktat. „Unsere Grundsätze bauen auf Freiheit, Gleichheit und Brüderlichkeit", erklärt Wolfgang. Auf Toleranz und Menschlichkeit auch. „Diese Ideale bringen uns im Leben voran."

Die Gemeinschaft in der Loge gibt Wolfgang sehr viel. Sie sei wie ein Think-Tank, in dem neue Perspektiven eingenommen werden, jeder mit der Meinung des anderen zurechtkommen muss und bestenfalls alle voneinander profitieren. Die Freimaurer: ein aufgeschlossener Geheimbund, geradezu urmodern? Man lerne ferner, andere Ansichten zu respektieren und wieder zuzuhören, weiß Wolfgang. „Das passt doch auch zur Idee von Europa." Sie lässt uns in unserer Vielfalt zusammenkommen, um gut voneinander zu reden, Gemeinsamkeiten zu suchen und nie das große Ganze aus dem Blick zu verlieren.

Vor einigen Jahren hat Wolfgang ein Tipi in seinen Garten gestellt. Als augenfällige Landmark, die aber auch fremdelt in einer Gegend, in der einsame Hofstellen mit beständig wachsenden Siedlungen und landschaftlich stimmige Baukultur mit so hypermodernen wie seelenlosen Häusern konkurrieren. Wolfgangs Tipi wirkt trotzdem authentisch. Öffnet seinen Eingang in Richtung Westen, woher der Wind das Wetter bringt und mit ihm die Neuerungen des Lebens. Symbolisiert in seiner runden Architektur den ewigen Kreislauf des Werdens und Vergehens – und birgt Platz für vierzig Gäste, für die Wolfgang mehrmals im Jahr Veranstaltungen organisiert, zuletzt eine Krimilesung mitsamt mikrotonaler Musik auf Gitarre und Okarina. Gute Stimmung bei heimeliger Atmosphäre, was nicht weiter verwundert, heißt „Tipi" doch wörtlich übersetzt „benutzt zum Wohnen". Oder, freier, nach Wolfgang: „Kommt herein und seid z'haus".

GRAND HOTEL EUROPA

Der niederländische Schriftsteller Ilja Leonard Pfeijffer
hat sich auf die Suche nach der europäischen Identität
gemacht – und mehr Vergangenheit als Zukunft
gefunden. Er appelliert, Europa neu zu denken: größer,
mit weniger Touristen und nach italienischem Vorbild.

Mit Grand Hotel Europa *haben Sie einen europäischen Gesellschaftsroman geschrieben, der mittlerweile in mehr als zwanzig Sprachen übersetzt ist. Darin bezieht ein Schriftsteller, der zufällig so heißt wie Sie, ein Zimmer in einem geheimnisvollen, schon sehr in die Jahre gekommenen Hotel. Er unterhält sich mit Abdul, dem jungen Pagen, lernt die anderen mondänen Gäste kennen und überlegt, wie er seine verflossene Liebe Clio zurückgewinnen kann. Was hat Sie zu der Geschichte inspiriert?*

ILJA LEONARD PFEIJFFER Nachdem ich 2008 nach Genua umgezogen war, bemerkte ich rasch, dass ich mich immer weniger als Holländer und immer mehr als Italiener fühlte. Noch mehr aber fühlte ich mich als Europäer. Was das nun bedeutet, hat mich lange und intensiv beschäftigt. Was könnte eine europäische Identität sein? Das ist die Frage, auf der mein Roman aufbaut. Wenn man dann mal angefangen hat, über die europäische Identität nachzudenken, kommt man schnell zu dem Schluss, dass sie mit unserer Beziehung zur Vergangenheit zu tun hat. Die Vergangenheit ist überall. Wir leben inmitten von Monumenten der Vergangenheit – was eine typisch europäische Tatsache ist. In Asien gibt es zwar auch sehr viel Vergangenheit, aber die Asiaten gehen anders damit um als wir Europäer. Unser Talent für Nostalgie ist Kraft und Schwäche zugleich. Wenn wir stolz sein wollen, verweisen wir auf unsere Denkmäler

und Museen. In Shanghai dagegen präsentieren die Menschen moderne Wolkenkratzer.

Ist unsere europäische Identität an einem Wendepunkt – oder sogar schon am Ende?
Es gibt objektive Gründe, die uns schlussfolgern lassen, dass die besten Zeiten hinter uns liegen. Geopolitische zum Beispiel, ganz klar. Der Krieg in der Ukraine ist ein Test für den Westen, für Europa, für die Nato – und natürlich wollte keiner von uns zu diesem Test antreten. Die Zeiten, als europäische Nationen die Welt beherrschten, liegen definitiv hinter uns, und das ist gut so. Wir Europäer sind an einem Punkt unserer Geschichte angelangt, an dem wir uns neu erfinden und für die Zukunft aufstellen müssen.

Wie würden Sie die augenblickliche mentale Verfassung Europas beschreiben?
Ich glaube fest an die Europäische Union. Auch wenn sie schwierig ist und nur langsam vorankommt, ist sie ein sehr schönes, mutiges und notwendiges Projekt, das unseren Kontinent in die Zukunft führt. Die Leute auf der Straße bemerken vielleicht nur wenig davon. Glücklicherweise gibt es keinen europäischen Patriotismus. Die vereinigten Staaten von Europa sollten eine politische Einheit formen und gleichzeitig ihre kulturellen Unterschiede bewahren.

In Ihr fiktives „Grand Hotel Europa" kommen immer mehr Gäste, aber sie reisen nicht wieder ab. Das Hotel ist kein Durchgangsort, sondern lässt seine Gäste in der Vergangenheit verharren. Dieser Stillstand ist angsteinflößend …
Vielleicht, ja. Aber er ist auch schön. Ich könnte mich zu Hause fühlen in so einem Hotel. Natürlich sind der Stillstand und die Dekadenz dieses Hotels eine Metapher für Europa. Das Hotel ist in die Jahre gekommen, wurde nicht sehr gut behandelt – und wird ausgerechnet von einem Chinesen übernommen, der den Zustand des Hauses verbessern will.

Wer sind wir, wenn wir keine Europäer mehr sind?
In der Politik lassen sich durchaus antieuropäische Tendenzen ausmachen. Sie sind in einer anderen Weise nostalgisch und beschreiben eine Vergangenheit, die es so nie gab. Zu glauben, wir könnten die Probleme von heute lösen, indem wir zurückkreisen in eine Zeit, zu der es diese Probleme noch nicht gab, ist absurd. Die Alternative zu einer europäischen Identität ist eine engstirnige protektionistische Mentalität. Dabei müsste uns spätestens die Pandemie gelehrt haben, dass ein einzelnes Land die großen Probleme

ILJA LEONARD PFEIJFFER

unserer Zeit nicht lösen kann. Wir müssen zusammenarbeiten und größer denken.

Sie beschreiben uns Europäer als ständig urlaubendes Volk. Offenbar ist das individuelle Reisen zu unserer Identität geworden. Zeugt das von unserer Heimatlosigkeit?

Ich beschreibe Europa als einen Ort, an den Menschen aus der ganzen Welt kommen. Europa ist der Garten der Welt. Ein Freizeitpark. Das bereitet mir ernsthaft Sorgen, denn dadurch verliert Europa seine Authentizität. Wir sollten darüber nachdenken, ob wir das wirklich wollen. Wenn ja, können wir unseren Garten der Welt sehr hübsch gestalten. Wenn nein, sollten wir schnellstens etwas tun, bevor wir weiter an Authentizität einbüßen.

Am Beispiel Venedigs beschreiben Sie in Ihrem Buch die Kehrseite des Tourismus. Inwieweit steht die Lagunenstadt synonym für den Rest Europas?

Venedig ist das extremste Beispiel für den touristischen Kollaps, aber nicht das einzige. Städten wie Wien, Prag, Amsterdam oder Barcelona geht es ähnlich.

An der Figur des jungen Pagen Abdul erzählen Sie die Geschichte eines Flüchtlings, der über das Mittelmeer nach Europa kam. Er sieht hier

eine Zukunft. Wie erklären Sie sich den Umstand, dass wir afrikanische Flüchtlinge so wenig gastfreundlich behandeln, Touristen aus aller Welt dagegen schon?

Das ist ein paradoxer Kontrast. Ich wurde mir dessen bewusst, als ich mal für eine Woche auf Malta war. Die Insel ist quasi das andere Lampedusa, liegt etwa auf der gleichen Höhe und ist genauso Ziel der Flüchtlingsboote. Während meines gesamten Aufenthalts in der Hauptstadt Valletta habe ich nicht eine schwarze Person gesehen. Das ist doch Wahnsinn! Es gibt jede Menge Flüchtlinge auf Malta, aber die Touristen sollten sie nicht sehen. Das ist die Politik der Regierung: Flüchtlinge würden dem Tourismus schaden. Als Folge der Globalisierung gibt es zwei Gruppen von Reisenden: die Touristen und die Migranten. Um aber die reichen weißen Reisenden auf ihrer Suche nach der Vergangenheit nicht zu erschrecken, muss man die armen schwarzen Reisenden, die auf der Suche nach einer Zukunft sind, fernhalten.

Was zeichnet Sie als echten Europäer aus?

Dass ich nicht nur eine Heimat habe, sondern zwei, hilft mir in meiner europäischen Identität. Sobald es zwei Heimaten gibt, kann es auch noch weitere geben. Drei, vier oder fünf. Aber natürlich bin ich auch Teil des europäischen Problems: Ich bin sehr auf die Vergangenheit fixiert, habe Altphilologie studiert, wohne in Genua gegenüber der Kathedrale San Lorenzo aus dem elften Jahrhundert – und liebe es! Ich fühle mich inmitten dieser Vergangenheit total zu Hause. Meine europäische Identität wird somit auch genährt von einer europäischen Kultur, die Bücher, Musik und Gemälde über Jahrhunderte geformt haben.

Sie leben seit fünfzehn Jahren in Genua. Was gelingt in Italien besser als in anderen europäischen Ländern?
Italien könnte ein gutes Beispiel abgeben für ein gelingendes Europa: Mitte des 19. Jahrhunderts wurden im Zuge des „Risorgimento" die damals eigenstaatlichen Regionen in einem unabhängigen Nationalstaat vereint – was letztlich nur zum Teil gelang. Italien wurde zwar eine politische Einheit, hat sich aber seine regionalen Unterschiede bewahrt, was mit zum Reichtum des Landes beiträgt. Von Genua aus bin ich mit dem Zug in einer Stunde in der Emilia-Romagna oder in der Toskana. Dort ist alles anders als in Ligurien: das Essen, die Sprache, die Leute. Das finde ich wunderbar, das sollte Vorbild für die Europäische Union sein. Italien zeigt, dass das geht.

Ihre Sicht auf Europa ist kulturkritisch, gleichzeitig fürsorglich – und obendrein sehr selbstironisch. Lässt sich Europa nur mit einer gesunden Portion Humor ertragen?
Die Ironie ist auch eine europäische Erfindung. Sie geht auf die alten Griechen zurück. Man spricht von der sokratischen Ironie, wenn man sich dumm stellt, um einen Gesprächspartner, der sich überlegen wähnt, in die Falle zu locken. Wir Europäer haben ein großes Talent zur Ironie, im Gegensatz zu den Amerikanern oder Chinesen.

Der Ilja Leonard Pfeijffer im Buch behauptet, nichts sei so gefährlich wie ein Roman. Wie ist das zu verstehen?
Fiktion ist ein effektives Mittel, um die Wahrheit zu sagen. Ein Roman spielt mit Emotionen, seine Wahrheit ist nicht kontrollierbar – und gerade deshalb so gefährlich.

$\longrightarrow$

Seiten 62/63: Die Donau ist eine der ältesten und bedeutendsten europäischen Wasserstraßen. Sie verbindet Kulturen in zehn Ländern – und trägt dazu bei, dass Europa nicht baden geht.

ILJA LEONARD PFEIJFFER

STEIN UND ZEIT

Indem sie Steine behaut, bringt Gabriele Berger
Ordnung ins Chaos. Die Welt sei so, wie wir sie
begreifen, ist die Künstlerin überzeugt. Mit ihren
Skulpturen erzählt sie Geschichten vom Kosmos und
von der Gegenwart bei gleichzeitiger Unendlichkeit.

Als sie bemerkte, dass jemand einen Sack mit Blechbüchsen im Wald
entsorgt hatte, ärgerte sie sich. Sie ärgerte sich einen Tag lang und
auch noch einen zweiten, um den Sack am dritten Tag in den Kof-
ferraum ihres alten Audi A3 zu verfrachten und ins Altstoffsammelzentrum
zu fahren, gerade einmal zwei Kilometer weiter. „Jeder regt sich auf über
den Müll in der Landschaft, aber wegräumen tut den Mist keiner." Gabriele Berger nimmt einen tiefen Zug an ihrer Selbstgedrehten und bläst den
Rauch langsam aus. „Dabei muss man ja irgendwo klein anfangen."

Wenn Gabriele, die überall freundschaftlich Gabi genannt wird, ärgerlich
ist, hält das in der Regel nicht allzu lang an. Selten mehrere Tage, manchmal
ein paar Stunden, häufiger nur wenige Minuten. „Mehr Zeit habe ich nicht",
lacht sie ihr lautes, kehliges Lachen, das der hölzerne Küchentisch wie ein
Resonanzboden bis in die hintersten Winkel der Wohnstube trägt. Zwischen
zwei Fenstern tickt eine Wanduhr, jede Pendelbewegung zeigt die Vergänglichkeit an. Früher, gesteht Gabi, mochte sie Uhren nicht besonders. Weil
sie Angst hatte vor dem Sterben. „Mittlerweile kann ich mir gut vorstellen,
irgendwo zu verwesen und feinen Humus zu bilden, aus dem im Frühjahr
ein Gänseblümchen wächst."

Gabi ist 68 und Steinbildhauerin. „Mein Gefühl für die Zeit hat sich mit
den Jahren verändert", sagt sie. „Ich werde knausriger damit und nehme
mich immer weniger wichtig." Wie jeden Morgen nach zwei Tassen starken

Kaffees ist sie auch heute aus dem Haus und die 300 Meter talwärts gegangen, hinein in ihre Felsenburg, um mit Hammer und Meißel dort weiterzuarbeiten, wo sie ihr Tagwerk gestern spätabends beschloss: beim Formen Jahrmillionen alten Granits. „Bei mir werden Steine handgespitzt." Sie streicht fast zärtlich über einen mittelgrau gesprenkelten Rohling, der wie ein gestrandeter Walfisch am Rand des mächtigen Steinbruchs liegt.

Es werde zu wenig angefasst heutzutage, bedauert Gabi, in deren Hände die Arbeit bereits tiefe Risse hineingefressen hat. „Und es gibt wenige, die sich noch bücken wollen, um etwas zu berühren", bemerkt sie. Erde zum Beispiel. Das Gras oder die Wurzeln von Bäumen. „Unsere Welt ist mit so vielen Sicherheits- und Hygienemaßnahmen ausgestattet; alles wird uns aus der Hand genommen, damit wir selbst nichts mehr angreifen müssen." Dabei seien unsere Hände die wichtigsten Werkzeuge. Und der direkte Draht ins Gehirn.

Wer Gabi in ihrem Steinreich besucht, braucht Mut zur Odyssee. Muss weit hineinfahren in den Wald, dorthin, wo die Straßen ohne Richtungsweisung zerfransen, bis nur noch ein einsamer Weg aus geflicktem Asphalt bleibt, der sich durch ein nadelgrünes Heer aus Bäumen windet und an einem Haus mit schiefem Balkon und blauen Sprossenfenstern sein Ende findet. Entlegenstes Mühlviertel mit der Anschrift „Winkl 10". Hier hat Gabi sich vor dreißig Jahren einen Steinbruch gekauft. Samt Wohnhaus, großer Wiese und alter Schmiede als Zeitzeugin jahrzehntelanger Steinhauer- und Steinmetzarbeit. Die Künstlerin hat nichts verändert darin, legt ihr Werkzeug einfach obendrauf. „Die vielen Sachen, die man sich anschafft, muss man auch erhalten. Oder mit dem Aufräumen beginnen", lacht sie und macht die Tür zur Schmiede schnell wieder zu. Gabi hebt gerne Sachen auf, aber ausschließlich solche ohne äußeren Wert. Ein Stück Faden zum Beispiel, das irgendwann einmal ihre Gefühle verband.

„Wer Kunst machen will, muss Zusammenhänge schaffen", erklärt sie. Kontext herstellen. Kombinationen. Sie zeigt auf die Skulptur, an der sie gerade arbeitet: *Der kleine kleine Prinz*, eine basketballgroße, freihändig geformte Kugel. „Jeder sitzt auf seinem Planeten und trägt ein Universum in sich." *Dem kleinen kleinen Prinzen* hat Gabi einen *großen kleinen Prinzen* dazugesellt und dessen umfangreichere Kugel mit einer Art Henkel versehen. Damit man den Prinzen mitnehmen kann, sofern er es erlaubt. Wenn Gabi nicht monumental, sondern kleinformatig arbeitet, integriert sie Griffe in ihre Skulpturen. Die erträgliche Leichtigkeit des Steins. Der Stein gibt Gabi Kraft, noch mehr davon holt sie sich in Linz beim Ballettunterricht. Die

Arbeit mit Stein sei ein Tanz. „Entweder lässt du den Stein tanzen oder du tanzt um ihn herum, wenn er zu mächtig ist."

Es ist die Unverrückbarkeit, die manchen Menschen Angst macht vor Steinen. „Dabei geht es weniger ums Material als um die Materie", weiß Gabi. Um eine bestimmte Form der Energie. Um das Leben. „Stein ist alles. Wir gehen darauf, wohnen darin, schauen in den Himmel und sehen in den Sternen leuchtende Steine." Er sei einfach da, der Stein. In der Stadt, auf dem Land, in der Natur. „Die einen kommen zurecht damit, die anderen nicht."

Gabis Arbeiten sind sockellos. Lassen sich aufstellen, hinlegen, von vorne und hinten betrachten, umrunden und von allen Seiten begreifen. Das Fehlen des Fundaments hat das „Höher" gegen das „Näher" eingetauscht. Mit jeder Drehung ändern die Figuren ihre Form. „Ich bräuchte eigentlich nur einen einzigen Stein, an dem ich ein Leben lang arbeiten kann." Weil eine Skulptur ohnehin nie fertig sei, genauso wenig ein Bild. „Es ist alles nur Zustand", sagt Gabi. Ein bewegendes Gefühl, zu wissen, dass immer alles weitergeht und sich in jede Richtung fortpflanzen lässt.

Wenn du durch die Natur gehst und alles wahrnimmst, fängt dein Geist an, mitzuwandern.

Derzeit arbeitet sie an einer dreiteiligen Skulptur: ein Tunnel mit bewegt gespitzter Oberfläche, der von einer Wiese unter alten Bäumen in einen Fluss führt. Endlichkeit wird zur Unendlichkeit. „Was uns am Ende erwartet, ein langer erholsamer Schlaf oder irgendetwas anderes, ist eigentlich nichtig", sinniert sie. Man müsse nur neugierig bleiben auf alles, was kommt.

Für Gabi sind Steine keine losgelösten Quader, sondern Teile eines Berges. Und Berge wiederum Teile einer Landschaft. Jeder Stein ist Baustein des großen Ganzen. „Das setzt sich so fort bis ins All und wird dadurch universal." Beim Gehen kann sie am besten denken. Ein Jahr lang nahm sie ihre Füße mit der Handykamera auf. Tag für Tag, Schritt für Schritt – und schnitt daraus einen Film. „Wenn du durch die Natur gehst und alles wahrnimmst, fängt dein Geist an, mitzuwandern." Auch beim Steineklopfen zieht Gabi ihre Wege. Es ist wie Meditation. Der ganze Körper geht mit, der Atem kommt zur Ruhe. „Wenn ich gut arbeite, entsteht beim Hämmern und Meißeln ein Rhythmus, der mich fortträgt", erklärt sie. Dann werden Hand, Herz und Hirn zu einer Einheit. „Aber ich habe auch meine schlechten Tage."

Mit dem Alter kommen andere Rhythmen. „Der Geist bleibt frisch, aber körperlich spürst du, wie du langsamer wirst." Mit ihrer Arbeit bringt Gabi

Ordnung ins Chaos. Eine Ordnung, die der Mensch gegen die Allmacht der Natur schuf. Die Geometrie. Die Symmetrie. Die Zeit. Ihren Steinbruch hat Gabi mittlerweile der Wildnis überlassen. „Ich breche nicht mehr, sondern nehme das Material, das noch da ist." Sie will nicht mehr eingreifen ins Verwachsene und nur einen einzigen Pfad zum Felsen ganz oben frei halten. „Weil es so schön ist, dort zu sitzen, tief drinnen im Berg."

Manchmal möchte sie wegfahren. Hinaus aus ihrer Welt, hinein in eine andere. Nach Tasmanien zum Beispiel oder nach Kanada, wo Freunde auf sie warten. Letzthin war sie in Bulgarien zu einem Symposium. Andere Kultur, andere Menschen. Ein fruchtbarer Austausch mit Künstlern aus verschiedenen Ländern, beste Zusammenarbeit, gemeinsame Präsentation. „Nach sechs Wochen habe ich mich wieder auf zu Hause gefreut", erzählt sie. Ohnehin sei der Sinn jeder Reise die Rückkehr.

Für Gabi ist es Luxus, einfach nur da zu sein. In ihrem offenen Haus, im Steinbruch, in der Natur. „Ich mag das Funktionieren von früher nicht mehr." Den Zeitdruck und all die Termine, von denen sie heute nur noch die Anzahl zulässt, die sie gut im Kopf behalten kann. Wenn sie nicht hämmert und meißelt, schreibt sie. Gedankenwanderungen und Gedichte. „Ich bin ein Sprachenmensch", stellt sie klar und erzählt vom Germanistik-Studium damals in Salzburg, das sie parallel zu ihrer Bildhauer-Ausbildung absolvierte. Gut 2000 Bücher weiß Gabi in ihrem Haus verstaut. „Meine Studenten bringen welche mit oder borgen sich was aus." Sie liest Entspannendes, Theoretisches, Lyrisches. *Das Alter* von Simone de Beauvoir, *Die Langsamkeit* von Kundera oder Frischs *Montauk*, eine für Gabi immer wieder fesselnde, „hammermäßige" Literatur.

Wenn sie länger im Auto oder im Zug unterwegs ist, hört sie Bücher. Marcel Proust auf dem Weg nach Innsbruck, wo Anna, ihre Tochter, mit dem Enkel wohnt. Heute Nachmittag will Gabi noch rauf nach Ulrichsberg, ein Rutsch mit dem Auto von lediglich elf Minuten. Dort, im Garten des Jazzateliers, ist eine ihrer Arbeiten dauerhaft ausgestellt: *JETZT* in großen Buchstaben geschrieben, zusammengetragen aus behauenem Stein. „Sobald wir *JETZT* lesen, ist es schon vergangen", lächelt Gabi. Weil *JETZT* ohne Zeit ist. Was bleibt, ist die Berührung, die Nähe. Sie hält eine Ewigkeit an.

Der Stein ist Teil des großen Ganzen. Er zeigt, wie alles mit allem verbunden ist – vom Dreisessel bis ins Universum.

ADALBERT STIFTER: DER WEGBEREITER

Adalbert Stifter, 1805 in Oberplan geboren und 1868 in Linz gestorben, zählt zu den großen Autoren, Denkern und Humanisten. Sein Bestreben, die Menschen friedfertiger und toleranter zu machen, reichte über Grenzen hinweg: tief hinein nach Böhmen, Österreich und Bayern, in den Wald und auf die Berge, in die Dörfer, in die Städte. Selbst 155 Jahre nach seinem Tod sind Stifters Geschichten so universell wie modern. Weil man darin verschwinden kann und einen ganzen Weltraum möglicher Lösungsansätze zu den grundlegenden Fragen des Menschseins entdeckt.

Alles hängt mit allem zusammen: ökologische Gegebenheiten mit wirtschaftlichen Entwicklungen, soziale Strukturen mit kulturellen Faktoren, das Richtige mit dem Schönen – und das Große mit dem Kleinen, wie Stifter es in der Vorrede seines *Bunte-Steine*-Erzählbands formuliert: „Das Wehen der Luft, das Rieseln des Wassers, das Wachsen der Getreide, das Wogen des Meeres" hält er für groß. Der „Blitz, welcher Häuser spaltet", der „Sturm, der die Brandung treibt" oder „das Erdbeben, welches Länder verschüttet" dagegen seien „nur Wirkungen viel höherer Gesetze" und damit klein.

Stifters Botschaft ist eine ökologische Offenbarung. Ein Aufruf, die Natur als Ausdruck unbegreiflicher Schöpfung zu beobachten, in der sich Prozesse zwar wiederholen, aber einander nie gleichen. Wer die Dreiländerregion bereist, trägt Adalbert Stifter mit im Gepäck. Museen und Monumente, Vereine, Institute und Forschungsgesellschaften in Deutschland, Österreich und Tschechien halten seine Anliegen und Ansprüche lebendig: den Menschen und Dingen des Lebens mit Neugier zu begegnen. Das weckt die Sinne und schärft den Verstand.

WIE IM MÄRCHEN

Böhmen steckt voller Geschichten. Über Waldgeister,
Schlossgespenster, Wassermänner. Jindra Čapek weiß
sie zu erzählen – und noch fabelhafter zu malen.
Der Kinderbuchillustrator kennt die Macht der
Fantasie und wünscht uns große Portionen davon.
Weil sie Grenzen sprengt. Und Gebirge versetzt, die
mindestens so alt sind wie der Böhmerwald.

Als bei Jindra und seinem Vater die Masken fielen, war die Enttäuschung groß. Elf Jahre lang hatten sie Idealbilder von sich gezeichnet, sich nur in Briefen ausgetauscht, manche davon zwanzig Seiten lang. „Als wir uns dann wieder persönlich gegenüberstanden, merkte ich, dass mein Vater auch Fehler hat." Umgekehrt merkte der Vater das auch. Mit seiner Mutter hatte Jindra Čapek 1969 die Heimat verlassen. „Wir gingen, bevor die Russen die Grenzen dichtmachten." Am 6. Juni, er erinnert sich genau, brachen sie auf in Richtung Schweiz, während der Vater zurückblieb, zu Hause in Böhmen.

Jindra ist vor siebzig Jahren in Budweis geboren. In eine Familie mit österreichischen Wurzeln, gastfreundlichem Haus, weltoffenen Ansichten – und Tausenden von Büchern. Sein Vater hatte aus Antiquariaten prächtige Kunstbände erstanden. Sie waren zurückgelassen worden in den Häusern der vertriebenen Deutschen, vom Staat konfisziert und zu einem Spottpreis verscherbelt. „Dank meiner Wiener Großmutter wurden bei uns daheim zwei Sprachen gesprochen. Somit waren deutsche Bücher immer willkommen." Und Jindra war als Bub besonders begeistert davon. „Man konnte mich stundenlang vor Kunstbücher setzen. Ich war dann ganz still und zeichnete die Bilder in den Büchern fasziniert nach."

Jindra zeichnet noch immer. Hat seine kindliche Leidenschaft zur Profession gemacht und zählt heute zu den renommiertesten Kinderbuchillustratoren Europas. Mit Bildern in den wichtigsten einschlägigen Museen der Welt, Büchern, die übersetzt sind in dreißig Sprachen, und einem Atelier hoch über den Dächern von Krumau. Es steht voll mit Papieren, Farben, Stiften und Pinseln, deren dünnster aus nur zwei Haarwurzeln eines Eichhörnchens besteht. Jindras Motive sind fein. Detailreich, realistisch und aufwendig in der Recherche. Vor drei Jahren wurde er für die Bebilderung des *Pinocchio* angefragt. Ein Märchenklassiker in 36 Kapiteln, bereits etliche Male von den Besten der Branche illustriert und gerade deshalb für Jindra eine Herausforderung. „Man muss sich der Geschichte stellen und versuchen, sich von den Arbeiten der Kollegen zu unterscheiden."

Bevor Jindra loslegte mit Pinsel und Farbe, las er den Text mehrmals durch und erspann dazu eine grafische Dramaturgie. Fertigte Skizzen an und verlieh Pinocchios Gesicht mit nur wenigen Strichen Ausdruck. „Für mich ist die Holzpuppe keine starre Figur, sondern ein individueller Junge, der etliche Abenteuer durchmacht." Wie gut oder schlecht er sie besteht, zeige sich am Spektrum innerer Verfassungen, erklärt Jindra. „Sie spiegeln sich in Pinocchios Mimik." Für die Gestaltung von Gesichtern wurde der Illustrator nicht nur von namhaften Autorinnen und Autoren wie Klaus Kordon, Sigrid Heuck und Michael Ende angefragt, sondern überdies vielfach preisgekrönt. Weil seine Figuren keine Masken tragen, sondern einen Ausdruck, der erkennen lässt, was der Mensch dahinter denkt und fühlt.

Jindra stilisiert Gesichter, indem er Perspektiven verzerrt, und lässt dazu die Hände sprechen. „Deshalb liebe ich Italien." Weil Spaghetti dort nur mit einer Hand gegessen werden, während die andere frei bleibt zum

Gestikulieren. Blickt Jindra einem Menschen auf die Hände oder ins Gesicht, weiß er, ob sein Gegenüber glücklich ist. Traurig. Neugierig. Oder wütend. „Ich bin geübt darin, Gefühle zu sehen, weil ich mich seit sechzig Jahren damit beschäftige."

Schon im Alter von elf Jahren wusste Jindra, was er später werden wollte: Maler. „Ich zeichnete in der Grundschule so gut wie meine Lehrerin. Oder auch besser", fügt er lachend hinzu – und, wieder nachdenklicher: „Ich musste nie leiden in meinem Leben. Weil ich Künstler sein darf." Nach Abschluss der Kunstgewerbeschule in Zürich zog Jindra nach Freiburg und weiter nach Karlsruhe, zum Studium an der Akademie. Er mochte das Leben an der deutsch-französisch-schweizerischen Grenze, „vielleicht, weil es mich an meine Heimat erinnerte". In Böhmen, nicht in Tschechien, fühlt er sich daheim. „Tschechien ist eine neuzeitliche Erfindung. Böhmen dagegen ist Kulturgut. Allein der Name klingt wie Musik." Wie große Oper, *La Bohème*, oder der Bohémien als heimatloser Freigeist. Mit ihm kann Jindra sich am besten identifizieren. „Wer wie ich die Heimat verlassen musste, fühlt sich zwar entwurzelt, aber auch um Erfahrungen bereichert und frei."

Gleich nach der Wende ist Jindra zurückgekehrt nach Böhmen – „es war großartig, nach zwanzig Jahren wieder in ein Land zu kommen, in dem alle meine Muttersprache sprechen" –, zunächst nach Prag und ein paar Jahre später nach Krumau, wo er mitten im historischen Zentrum an der so malerischen wie hochfrequentierten Schlosstreppe wohnt. „Zum Glück bin ich zu Fuß von hier in zehn Minuten im Wald." Die Stadt. Die Natur. Jindra mag beide gleichermaßen – und am liebsten, wenn sie sich hauteng aneinanderschmiegen. Böhmen, sagt er, sei ein einziges Märchen. Kein Wunder also, dass Hans von Grimmelshausen die *Lebensbeschreibung der Erzbetrugerin und Landstorzerin Courage* um 1670 in Prachatitz verortete und damit die erste weibliche Hauptfigur in einem deutschen Roman erschuf.

Und dann, natürlich, der böhmische Wald. So alt, so dicht und dünn besiedelt, dass selbst die Römer einst zurückschreckten vor ihm. Ein Wald voller Geheimnisse, Mythen und Gespenster. „Wenn man nachts die Glühwürmchen irrlichtern sieht, zwischen den Umrissen der vielen Bäume und

„

Wer wie ich die Heimat verlassen musste, fühlt sich zwar entwurzelt, aber auch um Erfahrungen bereichert und frei.

Neben dem Schloss das auffälligste Gebäude in Krumau: die Pfarrkirche St. Veit, im 14. Jahrhundert erbaut und seit 1995 Nationales Kulturdenkmal Tschechiens.

Teiche, ist das tatsächlich unheimlich." Und Jindras Fantasie keine Grenze mehr gesetzt. „Hier fallen mir die tollsten Geschichten ein", schwärmt er und beginnt sogleich, von Vodník zu erzählen, einem Wassergeist, der die Seelen der Ertrunkenen in Töpfen aufbewahrt. Als Kind, erinnert sich Jindra, sei er oft an einen Teich außerhalb von Budweis gefahren. Manchmal mit dem Fahrrad, meist mit dem Zug. Vom Bahnhof weg musste er ein Wäldchen durchqueren und auf dem letzten Stück noch durch ein dicht von Schilf bewachsenes Gelände, das in seiner kindlichen Fantasie einem Dschungel glich. „Ich habe dort alle möglichen Märchengestalten gesehen." Vorwiegend abends, wenn es schon dunkelte, Jindra den Rückweg vom Teich zum Bahnhof antrat – und schnell und schneller rannte.

Mit seinem Vater und seinem Opa war er zu Fuß in ganz Südböhmen unterwegs. „Wir besaßen kein Auto und sogar das Fahrrad war als Transportmittel zu schnell, um die Gegend mit allen Sinnen zu erfassen." Gehen. Beobachten. Erden. Wer auf einem Kiesweg durch eine böhmische Obstbaumallee wandert, verspürt Romantik pur. Bis heute rühren Jindra die Stimmungen von damals, besonders die strahlenden Farben des Herbsts, wenn die Natur noch einmal laut wird, bevor sie im Winter verstummt. „Das ist wie bei Caspar David Friedrich. Der malte, was ich als Kind mit eigenen Augen gesehen habe." So viel landschaftliche Schönheit, kitschig schon fast.

Die Fantasie unterscheidet den Menschen vom Tier. „Sie hilft uns dabei, Mensch zu sein." Ohne Fantasie würden wir nichts Neues mehr erfinden, glaubt Jindra. Fantasie sei die Grundlage der Innovation. Aber auch der Religion. Des Wohlstands. Und des Kriegs. „Man muss schon eine ordentliche Portion Fantasie besitzen, um einen Krieg anzufangen." Eine überbordende Vorstellungskraft, die den Menschen dazu drängt, anderen Böses anzutun und sich dabei als Sieger zu fühlen. „Diese ganzen Scheißkriege werden nur aus nationalistischem Denken heraus geführt." Jindra ist selten so wütend. Freilich: Italien sei Italien, nennt er ein Beispiel. Aber die Mentalität eines Florentiners doch näher an Österreich als an Sizilien. „Die EU unterstützt die lokale Identität. Ist denn das nicht super?"

Den Pinocchio hat Jindra mittlerweile fertig gemalt, er ist als Prachtband im Prager Albatros Verlag erschienen. Ein Buch für Menschen zwischen acht und achtzig, das an den Tiefsinn appelliert. An das Gute in der Welt und den Wandel nach Selbstreflexion und Einsicht. „Ich habe die Geschichte auch für das Kind in mir gemalt", lächelt Jindra – und: „Es macht mich glücklich." Der Wald macht es auch. Und Märchen natürlich, von denen er so viele schon bebildert hat. Den *Feuervogel* zum Beispiel. *Die Schneekönigin*. Und den Klassiker *Hänsel und Gretel*, Jindras Lieblingsgeschichte, weil sie im Wald spielt.

„Unsere Vorfahren haben erst vor sieben Millionen Jahren die Savannen besiedelt. Davor lebten sie im Wald", fabuliert Jindra und belegt seine Behauptung damit, dass unsere Augen binokular, also nach vorne gerichtet, angeordnet sind. „Weil wir von Ast zu Ast springen und dabei die Entfernung einschätzen mussten." Zum Malen von Miniaturen benutzt auch Jindra eine beidäugige Lupe, die ihn bis auf einen Zehntelmillimeter erkennen lässt, wo er den Pinsel aufs Blatt setzen muss. Um mit feinem Strich neue Geschichten zu illustrieren, von denen noch so viele erzählt werden wollen. Märchen mit guten und bösen, traurigen und glücklichen Figuren. Mit Tieren und Elfen, Luft- und Wasserwesen. Und mit Waldgeistern, die Jindra mit am liebsten malt, stecken sie doch tief verborgen in allen von uns.

$\longrightarrow$

Seite 78/79: Spannend in ihrer Vielfalt und doch zusammengehörig: die roten Dächer von Krumau. Wenn über dem Böhmerwald der Blutmond leuchtet, erscheint die Gegend noch märchenhafter.

Eine Landschaft wie in Watte
gepackt: Im Spätsommer und
Herbst senken sich Nebel über
den Bayerischen Wald und
Böhmerwald – und öffnen der
Fantasie Tor und Tür.

DIE GANZE WELT
IST SCHWARZENBERG

Bernhard Hain ist Ausdauerläufer. Bekennendes
Landei. Und Gastgeber über Staatsgrenzen hinweg.
In seinem Heimatdorf am Böhmerwald schafft er
Raum für internationale Begegnungen, verkuppelt
Länder und Leute und weiß, was Menschen mögen:
im Grunde alle das Gleiche.

D er Wald. Er kühlt, reinigt die Luft, entspannt das Gehirn, aktiviert
Killerzellen gegen Krebs – und hilft auch bei Heimweh. Bernhard
Hain hat das Gymnasium gegen den Wald eingetauscht. „Von Anfang an war klar, wer das Match gewinnt", erzählt er, noch immer glücklich
über die Entscheidung, die er vor gut vierzig Jahren zu treffen gewagt hat:
gegen die höhere Bildung mit Aussicht auf eine akademische Laufbahn, für
den Allroundjob im heimatlichen Gemeindeamt. Nahe am Menschen. Noch
näher am Wald.

Bernhard ist in Schwarzenberg am Böhmerwald geboren. Dort aufgewachsen, nach fünf quälenden Internatsjahren in Linz und jeder Menge
heimwehbedingter Krankheitstage zurückgekehrt – und geblieben. „Die
Stadt mit ihren 200 000 Einwohnern war keine Option für mich." Schwarzenberg, die nördlichste Gemeinde Oberösterreichs, schon: 577 Bewohner,
der jährliche Ortscup des Stockschützenvereins, das „Budlhaum"-Zeltfest
im Juli und ein Heimatmuseum, das den Dichter Adalbert Stifter würdigt.
Nahe an den Menschen, nahe am Wald.

Heute ist Bernhard auf dem Dreisesselberg unterwegs, in Zehenschuhen
aus knallblauem Gummi, die jeder Zehe eine eigene Kammer gewähren,

während normale Schuhe wie Fäustlinge funktionieren. „Ich kann mich damit am besten erden", bekennt er und rennt wie auf samtenen Pfoten über den Grenzkamm davon. Bernhard ist Langstreckenläufer, auch im übertragenen Sinn: „Man braucht für viele Dinge im Leben Ausdauer und Disziplin." Als Verwaltungsleiter im Rathaus genauso wie als politisches Gemeindeoberhaupt, dann freilich in größeren Portionen.

2003 wurde Bernhard zum Bürgermeister von Schwarzenberg gewählt. Mit 35 Jahren, knapp zwanzigjähriger Praxis in der kommunalen Verwaltung, 97 Prozent der Stimmen und für die ÖVP. „Der Kandidatur ging eine einwöchige Debatte mit meiner Frau voraus", schmunzelt Bernhard. Als Feuerprobe im Abwägen von Für und Wider, als Test im Argumentieren, Überzeugen, Verstehen. Bernhard hat bestanden – und stellte sich der Wahl. „Man muss sprechen miteinander", weiß er. In der Ehe wie in der Politik, mit viel Gespür und Feingefühl, aber auch, wenn nötig, mit Durchsetzungskraft.

Dass Reden die Menschen zusammenbringt, wird in Schwarzenberg seit den achtziger Jahren an einem biennal wiederkehrenden Großprojekt demonstriert: Der örtliche Kulturverein hatte damals den Ursprung des Dorfes recherchiert und in diesem Zuge, erzählt Bernhard, eine sympathische Idee gehabt: „Wir machten uns auf die Suche nach anderen Schwarzenberg-Orten im deutschsprachigen Raum und luden die Leute von dort zu uns ein." Sie kamen. Aus dem Schwarzwald. Dem Erzgebirge. Aus Vorarlberg und der Schweiz – und mit den Gästen die Erkenntnis, wie einem kleinen Ort am Rande der Erde urplötzlich die Welt offensteht. „Wir stellten schnell fest, wie viele Gemeinsamkeiten wir haben." Und dass, resümiert Bernhard, ein Großteil der Menschen ohnehin dasselbe will: angenehme Erlebnisse, gegenseitigen Austausch und ein gutes Leben in Frieden.

Schwarzenberg ist die nördlichste Gemeinde Oberösterreichs und schmiegt sich auf 756 Metern an den Südsaum des Böhmerwalds. Knapp drei Viertel der Gemeindefläche sind bewaldet.

Über dem Dreisessel ziehen Wolken auf, changieren von zartblau bis tiefgrau, ein paar wenige tragen Regen in sich. „Im Grunde ist es egal, wie weit entfernt voneinander wir wohnen." Neben dem Weg liegen Bäume aus Totholz, auf dem umfangreichsten der Stämme nimmt Bernhard jetzt Platz. Gegenüber breitet der Šumava sein grünes Blau über der Landschaft aus, deren eiserne Grenze sich der Wald vor nunmehr dreißig Jahren einzuverleiben begann. Die Natur heilt, was der Mensch einst zerteilte. „Zum Glück sind wir nicht mehr nur wie vor der Grenzöffnung auf eine Richtung festgelegt", freut sich Bernhard. Wir dürfen uns zubewegen aufeinander, uns gegenseitig vertrauen.

Bernhard ist ein freundlicher Mann. Grüßt alle, die wie er den Grenzkamm am Dreisessel passieren, und lächelt die Leute gewinnend an. Touristische Destinationen wie die Dreiländerregion besitzen ein hohes Maß an Gastfreundschaft. Sie hat hier Tradition. Als Bernhard ein Bub war, kamen Sommerfrischler aus dem gesamten deutschen Sprachraum nach Schwarzenberg. Ohne große Erwartungen, dafür mit viel Zeit, guter Laune und spannenden Geschichten. „Bei uns im Gasthaus war jedes Jahr ein Ehepaar aus Hamburg einquartiert", erinnert sich Bernhard. Den Mann, einen hanseatisch heiteren Schifffahrtskapitän, besuchten die Dorfkinder Tag für Tag, um mit staunenden Augen den Abenteuern zu lauschen, von denen der Seebär fabulierte.

Einfach mal zuhören. Mitfühlen. Ins Gespräch kommen. Und von Herzen gemeinsam freuen, wenn man sich gut versteht. Bernhard baut Brücken. Bringt Menschen zusammen – und bemühte als Vehikel dafür schon mal die Kunst: Nachdem ein Arbeitstreffen von Holzbildhauern aus drei Ländern im tschechischen Lenora kurz nach der Wende erfolgreich zu Ende gegangen war, wurde zur Fortsetzung ein grenznaher Ort in Oberösterreich gesucht. „Im Veranstalten der internationalen Schwarzenberger-Treffen waren wir erfahren, also fiel die Wahl auf uns." Das Interesse schien groß, nahm weiter Fahrt auf und lockte am Ende nicht nur geplante acht bis zehn, sondern 66 Bildhauer aus vier Erdteilen in das kleine Dorf am Böhmerwald. „Unsere Gasthäuser und Pensionen reichten nicht aus für die Unterbringung so vieler Leute, also haben wir sie kurzerhand privat einquartiert." Allem Misstrauen zum Trotz, das die Einheimischen den fremden Künstlern gegenüber umtrieb.

Wir dürfen uns zubewegen aufeinander, uns gegenseitig vertrauen.

Anfänglich zumindest. Denn schon wenige Tage nach Ankunft der Bildhauer, die mit Äxten, Hämmern und Motorsägen auf der Dorfwiese an ihren Großskulpturen feilten, brach bei den Schwarzenbergern das Eis: Sie trafen sich jeden Abend zum Austausch mit den Gästen, radebrechten englisch, kommunizierten mit Händen und Füßen, brachten aus ihren Häusern Brotzeiten, Wein und Bier. Sie lachten, staunten und luden ihre Verwandten und Freunde aus der Umgebung dazu, um stolz vorzuführen, was „ihre" Künstler an großartigen Bildwerken schufen.

Bernhard ging das Herz dabei auf. Das Künstlersymposium hatte die Erfahrungen aus den Schwarzenberger-Treffen mit einem Sahnehäubchen garniert. „Es war egal, dass der Typ neben mir eine andere Hautfarbe trägt als ich und eine andere Sprache spricht. Er hegt die gleichen Wünsche, pflegt dieselben Interessen und ist obendrein noch cool drauf." Von Fremdenfeindlichkeit im Dorf keine Spur. Weil man bereit war, sich für den anderen zu interessieren.

„Unsere Dreiländerregion kann es schaffen, durch beispielhafte grenzenlose Zusammenarbeit zur Vorbildregion in Europa zu werden", mutmaßt Bernhard und liefert dafür selbst den besten Beweis: Weil er seinen Gestaltungsradius erweitern wollte, trat er 2015 nicht mehr als Kandidat für das Schwarzenberger Bürgermeisteramt an, sondern wechselte Land wie Metier. Als Tourismuschef im Landkreis Freyung-Grafenau agiert er nun von Bayern aus und, nach wie vor, über Grenzen hinweg. Es wäre ohnehin an der Zeit, die Fixierung aufs eigene Land aufzuheben, plädiert Bernhard – und führt als Beispiel Passau an: Vom Mühlviertel aus bisweilen näher gelegen als Linz, zieht es nur wenige seiner Landsleute zur Arbeit dorthin. Noch meiden viele das Ausland, orientieren sich donauabwärts und schwimmen lieber mit als gegen den Strom.

Bernhard fühlt sich nicht als Österreicher in Bayern. Er denkt nicht in Nationen, ist aber stolz, ein Böhmerwäldler zu sein und will bis heute nicht verstehen, warum Deutschland seinen Teil der millionenalten Mittelgebirgskette um 1830 herum in „Bayerischer Wald" umbenannt hat. „Das ist ja eigentlich Blödsinn, zumal der Bayerwald ganz klar zum Böhmerwald gehört." Bernhard möchte Verbindungen knüpfen, integrieren statt separieren. „Daher würde es viel mehr Sinn machen, die gesamte Region als Böhmerwald zu vermarkten und nicht in kleinen Einheiten zu servieren." Sagt der Touristiker. Aufgeschlossen. Weitsichtig. Zukunftsorientiert.

Das Authentische wird wichtiger werden. Das Narrativ, mit der eine Region von sich reden macht. „Es ist egal, auf welcher Seite der Grenze wir stehen", ist Bernhard überzeugt. Freilich: Die Geschichte hier und dort ist eine andere. Die soziale Prägung auch, die Bildung vielleicht. „Aber in den Grundbedürfnissen und Gefühlen sind wir uns ähnlich." Es schade nicht, öfter mal den angestammten Platz zu verlassen, um eine neue Perspektive einzunehmen, rät er. Begegnen statt beäugen, bewegen statt misstrauen.

Mittlerweile regnet es am Dreisessel. Die Steine sind rutschig entlang des Wegs, doch Bernhard tritt sicher, seinen Zehenschuhen sei Dank. Er ist schon weit gekommen darin, nicht nur heute. Ohne Vorgabe der Richtung, aber stets mit einem klaren Ziel.

Der Wald: Gegenbild zur Stadt und Sehnsuchtsort vieler Menschen.

SAGENUMWOBENES SINNBILD: DER DREISESSEL

Die frühe Auseinandersetzung der Menschen mit Bergen gehört in die Mythologie. Die Neugier stellte Fragen, der Volksglaube gab Antworten. Mit seinen 1333 Metern zählt der Dreisessel zwar nicht zu den höchsten Bergen des Bayerischen Waldes, zu den sagenumwobensten hingegen schon. Auf dem Gipfel des Dreisessel sollen sich die Könige von Bayern, Böhmen und Österreich getroffen (und dabei auch hingesetzt) haben, um ihre Reichsgrenzen zu ziehen. Seither thront der Berg als monumentales Sinnbild über der Dreiländerregion – und beeindruckt mit seiner eigentümlichen Formation. Die Gipfelklippen scheinen wie aus Wollsäcken aufeinandergestapelt, mit viel Fantasie lässt sich sogar der Kopf eines Nashorns ausmachen.

Der Name „Dreisessel" kam im 17. Jahrhundert in Gebrauch. 1765 wurde der Verlauf der Ländergrenzen am Dreisesselberg verbindlich festgelegt, und 2008 zeichnete das Bayerische Umweltministerium die „Granite am Dreisessel" mit dem Geo-Gütesiegel aus. Damit gehört der Berg zu den hundert bedeutendsten geologischen Naturwundern des Landes – und mit den von tschechischer und österreichischer Seite angrenzenden Flächen zum EU-weiten Schutzgebietsnetz *Natura 2000*.

DURCH TRENNUNG BERÜHREN

AN DEN
GRENZEN WOHNT
DIE FREIHEIT

Sie kann nur ein Strich sein auf einer Landkarte. Die Hecke zum Nachbargrundstück. Oder die hingepinkelte Duftmarke des Hauskaters, der am Garagentor sein Revier markiert. Die Grenze. Sie trennt nicht nur, sondern definiert auch einen Unterschied. Zur Grenze gehören immer zwei Seiten, die sich in einem oder mehreren Punkten unterscheiden. Indem wir Grenzen ziehen, legen wir etwas fest und schaffen dadurch Ordnung – vielleicht um überhaupt existieren zu können.

Ich erinnere mich gut an den Grenzübergang in Philippsreut an einem Wintertag kurz nach der Wende. Zwei tschechoslowakische Zöllner mit eisernen Mienen paradierten auf dem Mittelgang unseres Busses und nahmen ausgerechnet meinen Instrumentenkoffer ins Visier. Als beinhalte er ein Maschinengewehr, einen Autoauspuff oder einen Sack voller Gold. Stattdessen: mein Cello, auf dem ich schon ganz passabel spielte, im Orchester des Passauer Gisela-Gymnasiums, mit dem ich nun meine erste Auslandstournee antrat. Wir fuhren nach Prachatitz, um mit dem dortigen Mädchenchor zu musizieren. Völkerverständigung unter Teenies, wenngleich die sich zu Pergolesis *Stabat mater* eher schwermütig als leichtfüßig anfühlte.

Wir waren neugierig. Wollten herausfinden, was sich auf der anderen Seite verbirgt. Was haben die tschechischen Mädchen und wir gemeinsam? Können wir das jahrhundertelange Zusammenleben unserer Ahnen trotz vierzig Jahren Trennung durch den Eisernen Vorhang spüren? Sind unser Humor, unser Denken, unsere Emotionen und Gesten ähnlich? Ohne Grenzen gebe es kein Miteinander, behauptet der österreichische Philosoph Konrad Paul Liessmann. Sie seien Voraussetzung für die menschliche Erkenntnis: zu verstehen, was etwas ist. Und schon Platon klang ähnlich und formulierte in seiner *Politeia* die Sorge, dass äußerste Freiheit das Individuum wie den Staat in die tiefste Knechtschaft treibt. Demnach brauchen wir Grenzen als Handlauf durchs Leben.

Die Geschichte Europas ist voller Grenzen. Territorialen Grenzen, kulturellen und religiösen, Identitätsgrenzen. Dabei sind Grenzen nichts Absolutes. Sie bieten die Möglichkeit zur Übertretung, wenngleich nicht jede Entgrenzung guttut. Während wir das grenzenlose Wachstum der Wirtschaft beschwören und Datenströme unbegrenzt durch virtuelle Räume jagen, ängstigen uns grenzüberschreitende Krisen, empört uns der Niedergang des Anstands. Die Welt ist so, wie wir sie begreifen. Aber es gibt auch eine andere, eine raum- und zeitlose Dimension: Das Leben lehrt uns, dass jedem Lebewesen Grenzen gesteckt sind, die es zu achten, zu pflegen und zu wertschätzen gilt.

Nur wer seine Grenzen kennt, ist frei. Wie viel Freiheit aber müssen wir aufgeben, um wirklich frei zu sein – auch auf die Gefahr hin, andere unserer Werte mit Füßen zu treten? Inwieweit werden Pandemien, Klimaerwärmung, Digitalisierung und der sich verschärfende Wettbewerb mit autoritären Staatssystemen unsere Freiheit in nächster Zeit noch herausfordern? Freiheit braucht verantwortungsvolles Handeln, setzt Einsicht und Empathie voraus. Und das Anerkennen von Grenzen, der räumlichen wie der zeitlichen. Ohne sie ist nichts wahrnehmbar.

Freilich: Politische Grenzen sind künstliche Grenzen, worin auch ihre Schwäche liegt. Anstatt sich an der Geografie oder Topografie eines Landes zu messen, an ethnischen und kulturellen Unterschieden, sind politische Grenzen verordnet und nicht an den Maßgaben lebendiger Systeme orientiert. Es braucht Mut zur Klarheit, um Grenzen durchlässig zu gestalten. Auch die politischen. Wo Grenzen nicht trennen, sondern verbinden und berühren, dienen sie dem Leben. Und nur dafür sind sie da.

Übrigens: Unser Orchester kam damals gut über die tschechoslowakische Grenze. Das Gefühl dabei aber blieb. Ein beklemmendes, ängstliches. Angst vor einer Macht, die zwar seit kurzem Vergangenheit war, zwei Zöllner aber noch immer vor sich hertrugen wie einen Bauchladen voller Knallfrösche. In Prachatitz dagegen wurden wir herzlich empfangen. Teilten Schnitzel und Schokolade mit den Mädchen vom Chor und bewunderten ihre hauchdünnen hellblauen Konzertkleider, in denen sie der Kälte trotzten, die ihren Atem und unsere Finger gleichermaßen einfror. Ich habe nie wieder ein schöneres *Stabat mater* gehört als damals in der Prachatitzer St.-Jakobus-Kirche. Sie ist den Wanderern und Pilgern geweiht. Und wir sangen und spielten uns frei.

DER JÄGER IM WALD

Reinhard Genzel bewegt sich an der Grenze von Raum und Zeit. Nutzt das Weltall als Labor – und bekam dafür den Nobelpreis. Für die Forschung sei Europa gut aufgestellt, sagt der Astrophysiker, wenngleich es noch mehr Spitzenleistungen brauche. Schöne Waldspaziergänge auch. Und viel Geld.

Können Sie in einfachen Worten erklären, wofür Sie 2020 den Nobelpreis erhalten haben?

REINHARD GENZEL Meine Kollegen und ich haben die experimentelle Gewissheit vorgelegt, dass im Zentrum unserer Milchstraße ein Objekt ist, das ein Schwarzes Loch sein muss. Aus dieser Behauptung kommen wir nur noch raus, wenn wir beweisen können, dass die Allgemeine Relativitätstheorie falsch ist.

Das heißt, Sie müssten Albert Einstein ausheben?

Ja – und das versuchen wir auch, ganz aktiv und bislang mit großem Erfolg. Einstein hatte sich ja sehr lange mit der Allgemeinen Relativitätstheorie abgeschunden. Wir dagegen wissen heute, dass sie falsch sein muss. Ein Schicksal übrigens, das in der Physik alle großen Theorien teilen: Sie sind nur temporär gültig und werden irgendwann von der jüngeren Wissenschaft korrigiert. Das ist ja auch das Spannende an der Forschung. Sie ist keine Religion – und natürlich auch keine Fake News.

Auch wenn es wohl unwahrscheinlich ist: Was würde mit der Erde geschehen, wenn sie einem Schwarzen Loch zu nahe kommt?

Für alle Objekte mit Masse und Ausdehnung gilt: Wenn sie zu nahe an ein Schwarzes Loch rankommen, werden sie wie Spaghetti lang- und gleichzeitig angezogen. Keine

schöne Vorstellung, aber es passiert: Etwa alle 30 000 Jahre hat ein Stern im Zentrum unserer Milchstraße das Pech, zu nahe an ein Schwarzes Loch zu geraten. Er wird dann spaghettifiziert, ein Teil fliegt rein ins Loch, der andere wird rausgeschmissen.

Nun sind Schwarze Löcher nicht nur gefräßig und sehr schwer, sondern auch unvorstellbar weit weg. Wie lange würde eine Reise dorthin dauern?
Mit Lichtgeschwindigkeit kämen wir am schnellsten voran. Dann würde die Reise ins Zentrum der Milchstraße 27 000 Jahre dauern. Das würden wir hinkriegen – aber wir kriegen es natürlich nicht hin. Es wird niemals eine Rakete geben, die schneller fliegt als ein Hundertstel der Lichtgeschwindigkeit.

Warum ist Wissenschaft wichtig für eine Gesellschaft?
Nur die Neugierde, also die Eigenschaft, etwas wissen zu wollen, hat uns zu Menschen gemacht. Es gibt in der modernen Astronomie eine Allegorie, die ich immer gerne benutze: die Erforschung eines Waldes. Ich gehe also in einen Wald, den ich noch nie betreten habe. Die verschiedenen Formen von Bäumen und ihre Schönheit machen mich neugierig. Ich gehe eine Weile

und nehme alles im Wald auf: die Bäume, die Pilze, die Farne, die Blumen. In der Astronomie machen wir im Grunde das Gleiche: Auf unseren Wanderungen durch das Walduniversum sehen und erkennen wir tollste Dinge, vollkommen wertfrei. Und dann entdecke ich im Wald plötzlich, wie sich Holz während eines Gewitters entzündet und sich damit ein Steak braten lässt. Aus der Neugierde hat sich eine Anwendung entwickelt – und daraus entstehen wieder vielfältige neue Anwendungen, die für die Menschheit wahnsinnig wichtig werden können.

Die meisten naturwissenschaftlichen Nobelpreise gehen in die USA. Amerika scheint paradiesische Bedingungen für Wissenschaftler zu bieten. Wird die europäische Forschung dagegen abgehängt?
Nein. Europa war immer da, man denke nur an die Griechen. Und an die Römer. Oder die Babylonier. Die islamische Kultur war in der medizinischen Forschung führend, ganz zu schweigen von der jüdischen. Insofern: Europa steht wissenschaftlich gut da – und Deutschland dank Ex-Kanzlerin Angela Merkel ganz besonders. Sie hat klargestellt und sich dafür eingesetzt, dass nicht nur anwendungsbezogene Wissenschaft, sondern auch Grundlagenforschung zu fördern ist.

Weil Frau Merkel selbst Physikerin und damit eine Kollegin von Ihnen ist?
Natürlich. Sie hat der Wissenschaft in Deutschland einen guten Weg bereitet – übrigens auch, was die Höhe der Forschungsgelder angeht. Diesbezüglich kann Deutschland, aber auch Europa, locker mit Amerika mithalten. Wir in der Max-Planck-Gesellschaft zum Beispiel genießen ein ungeheuer großes Vertrauen. Das gibt uns die Freiheit, auch mal Risiken einzugehen, die in den USA undenkbar wären. Ich lebe und forsche seit 1978 auch in Berkeley und fand Amerika immer toll. Gleichzeitig wusste ich immer, wie knapp bemessen die Mittel für meine Arbeit dort sind.

Und wie steht's um die Forschung in Asien?
China hat in der Vergangenheit Großes geleistet. Das rührt wohl vom konfuzianischen Ethos her, der einer gebildeten Schicht ermöglicht, schwierigste Dinge zu kreieren und hart daran zu arbeiten. Aber China mit seiner Kommandowirtschaft gesteht die Freiheit des Individuums nicht zu. Die aber ist für die Forschung essenziell. Freilich kann China Sachen schnell und billig produzieren. Wenn es jedoch um Innovationsfähigkeit geht, ist das Ende der Fahnenstange schon in Sicht. In Japan und Indien mit ihren strikten Gesellschaften, was den

Brain Import anbelangt, zeichnen sich übrigens die gleichen Probleme ab. Dort stößt Wissenschaft irgendwann an ihre Grenzen.

In welchen Forschungsbereichen kann und sollte Europa seine Führung weiter ausbauen?
Wir sind führend in den physikalischen Wissenschaften. In der Chemie, Biologie und Medizin dagegen dürften wir langsam mal aufholen. Hier sehe ich keine Spitzenleistungen. Gerade das medizinische System ist sehr nach innen gewandt, was sich auch an den Vergaben der Nobelpreise ablesen lässt. Aber das kann sich ja in Zukunft ändern.

Welche Rolle spielt Ihr Forschungsgebiet für die Zukunft Europas?
Die Astrophysik besetzt mittlerweile eines der interessantesten und attraktivsten Felder der Physik. Wenn der Beantwortung fundamentaler physikalischer Fragen auf der Erde Grenzen gesetzt sind, beginnt das Universum, zum Labor zu werden. Ich bin mir ziemlich sicher, dass wir in der Astrophysik auf einige Jahrzehnte hinaus große Entdeckungen machen werden – wenngleich uns hier die Kosten bereits deutliche Grenzen aufzeigen. Die lassen sich nur mit internationaler Zusammenarbeit überwinden, worin wir in Europa übrigens auch viel besser aufgestellt sind als die Amerikaner.

Ihre Arbeit führt Sie an die äußersten Grenzen des Weltraums – und damit auch an die Grenzen von Raum und Zeit. Ist in Ihrem Forschungsprozess ein Ende in Sicht?
Das kann gut sein. Nach einer so fantastischen Expansionsphase in meiner Disziplin kann es immer passieren, dass die nächste Ecke des Waldes, um in dieser Allegorie zu bleiben, schlicht nicht mehr so interessant ist. Was ich allerdings viel deutlicher als die inhaltliche Grenze sehe, ist die menschliche: Die Vereinbarkeit von Familie und Beruf ist der Wissenschaft nicht dienlich. Ich selbst war immer 150-prozentig im Einsatz und meinen beiden Töchtern sicher nicht der Vater, der zu jedem Zeitpunkt auf der Matte stand. Ob sich die extreme Interpretation der Vereinbarkeit von Familie und Beruf mit vielen und langen Ferien, regelmäßigen Auszeiten oder gar mehrjährigen Sabbaticals mit beruflichen Erfolgen und Fortschritten vereinbaren lässt? Ich bin da sehr, sehr skeptisch.

Wie gehen Sie mit Niederlagen um?
Ich hatte das Glück, dass meine Rückschläge nicht besonders heftig ausfielen. Von Charles Townes *(amerikanischer Physiker und Nobelpreisträger, † 2015; Anm. der Autorin)* habe ich gelernt, ein Thema nach einer gewissen Zeit loszulassen. Einfach mal in einen anderen Wald zu ge-

hen. Das habe ich häufiger gemacht. Wenn man sich in ein Gebiet vollständig einfrisst, ist man zwar beliebig gut, sieht aber nicht mehr, wie alles andere an einem vorbeizieht. Freilich wird das im Alter immer schwieriger und es gibt Entwicklungen, bei denen auch ich nicht mehr mitkomme. Wenn ich noch mal von vorne anfangen könnte – vielleicht würde ich gar nicht mehr Astrophysik machen? Vielleicht wär's die Neuroforschung. Aber eigentlich wollte ich ja Archäologe werden. Die Archäologie ermöglicht auch schöne Waldspaziergänge.

Wir können nur das erfahren, was wir mit unseren Sinnen erfassen bzw. messen können. Somit bleibt uns alles außerhalb unseres Universums verborgen. Hilft Ihnen zum Weiterdenken die Fantasie?
Eher weniger. Ich besitze, vielleicht mehr als andere, einen guten Riecher im Sinne eines Jägers im Wald und kann Stellen ausmachen, an denen die besten Pilze wachsen werden. Darauf bin ich stolz. Und auf mein Team. Es ist ein Champions-League-Team, lauter Leute von absoluter Weltklasse! Dass sie all die Jahre bei mir geblieben sind, macht mich wirklich glücklich, denn eigentlich bin ich doch ziemlich grumpy.

Womit erden Sie sich?
Meine Frau erdet mich *(lacht herzlich)*. Sie bringt mich ganz schnell wieder auf den Boden. Und der Sport. Früher habe ich intensiv Leichtathletik betrieben, war mit sechzehn der beste deutsche Speerwerfer und wollte zu den Olympischen Spielen nach München. Aus dem Sport kommen sicherlich einige meiner Eigenschaften. Das „Am-Ball-Bleiben" zum Beispiel. Und als ich später keine Zeit mehr für meinen Sport hatte, ging ich viel in die Berge. Dort kann ich mich sehr gut erden.

Wie lautet Ihre Botschaft an die Welt?
Jeder ist seines Glückes Schmied. Und: Jeder Jeck ist anders. Was aber für alle gilt: Tut, was ihr für interessant haltet! Aber tut es richtig! Denn mit Halbherzigkeit wird nichts draus.

Wenn Sie am Ende eines langen Forscherlebens die Möglichkeit hätten, in ein Schwarzes Loch zu springen. Wäre Ihre Neugier groß genug?
Nö. Da würde ich viel lieber auf Zeitreise in die Vergangenheit gehen. Vielleicht nicht ins Mittelalter, aber zu den alten Griechen – das wäre schon toll. Zum Glück können wir in der Astronomie jeden Tag Zeitreisen machen. Das liegt an der Endlichkeit der Lichtgeschwindigkeit: Schau ich in den Sternenhimmel, schau ich in die Vergangenheit.

GUT GELANDET
ZWISCHEN DEN WELTEN

Silvia und Andreas Wallner mischen das Universum
ordentlich auf. Er mit mystischen Klängen, sie mit
magischen Detektoren. Damit wird das Gestein auf
dem Mars analysiert. Das Paar lebt im Bayerischen
Wald wie in einer elfenrein heilen Welt. Mit Kätzchen
Hilde, Rehbock Hansi – und Island als Vorbild.

Die Erde sei leichter zu bespielen als die Venus, sagt Andi, und tupft
mit großen, wollenen Schlägeln auf die Metallscheibe, langsam
kreisend von außen nach innen. Um sich einzuschwingen, braucht
der Gong Zeit. Erst wenn die Anschlagfrequenz genau passt, beginnt er zu
klingen. Ein leiser Ton, wohlig und tief. „Das Erdenjahr ist auf Cis ein-
gestimmt", erklärt Andi und befüllt den Raum, in dem das Instrument in
einen Ständer eingehängt steht, mit sonorem Brummen, dessen Volumen
sich dank der Obertöne zu einer dicken Klangwolke ausdehnt. Ein durch-
dringend saftiger Sound, irdisch und himmlisch zugleich.

Schon als Kind war Andreas Wallner von sphärischer Musik fasziniert. Je
extravaganter und geisterhafter, desto mehr zog sie ihn in den Bann. Bevor
er sich mit dem Erdenjahr und der Venus zwei Planetengongs in Handarbeit
anfertigen ließ, musizierte Andi auf dem Drumset, der Trompete, dem
Tenor- und dem Alphorn. Dessen Klänge tragen im Freien bis zu zehn Kilometer weit, hinein in den Weltraum freilich reichen sie nicht. „Man kann
sich das ganze Sonnensystem mit Gongs zusammenstellen", erzählt Andi
und schlägt nun verhalten die Venus an. Sie klingt heller als das Erdenjahr,
und auch optisch fehlt es ihr an Gewicht. Wer sich fallen lässt auf eine der
sommergrün bezogenen Matratzen am Boden, fühlt sich geerdet in diesem

Raum voller Töne, gerader Linien und rechter Winkel. Dasitzen, schauen und lauschen, hier kommt alles wieder ins Lot.

Von draußen kratzt Hilde an der Tür, so herzzerreißend miauend, dass Silvia dem Kätzchen Einlass gewährt. Während die Venus ihre letzten Töne schnurrte, kam Andis Frau über den Hof. Ihn, der sich einsam in ein Tal am Brotjacklriegel schmiegt, haben die Wallners Ende der neunziger Jahre gekauft, restauriert und erweitert, mit viel Mühe, Herzblut und Geld. Das verdienen sie mitunter im Weltall, genauer gesagt auf dem Mars im Rahmen einer exorbitanten Mission: KETEK, Silvias Firma in München, stellt Silizium-Drift-Detektoren her, die kleiner als ein Fingernagel sind, aber unbegrenzt anwendbar für die Analyse von Material. Ob das Motorenöl eines Frachtschiffs sofort oder erst später gewechselt werden muss, ob ein altes Gemälde original ist, ob das Fördergut eines Bergwerks seltene Erden aufweist, ob Wertvolles in vermeintlichem Abfall steckt und ob bleifreie Produkte ihren Namen auch wirklich verdienen – all das ermitteln die Detektoren penibel genau. Welche Geheimnisse das Gestein auf dem Mars verbirgt, auch. Zum dritten Mal sind die Fühler von KETEK in einem Rover der NASA verbaut – und die Wallners mächtig stolz, dass ihr Unternehmen auch für die „Perseverance"-Mission den Zuschlag vor einem amerikanischen Mitbewerber erhielt.

Der überirdische Auftrag geht letztlich auf Silvias Vater zurück. Als Pionier in der Herstellung von Teilchendetektoren ging der Physiker Josef Kemmer in die Wissenschaftsgeschichte ein. Die Produkte seiner 1989 gegründeten Firma finden sich in Röntgenfluoreszenz-Spektrometern und Elektronenmikroskopen gleichermaßen, mit Hilfe derer sich die Materialzusammensetzung von Oberflächen auf Elementarebene nachweisen lässt. „Zu begreifen, dass es Dinge gibt, die man weder sehen, hören noch riechen kann, ist manchmal schwierig." Andi hat sein Faible für Feinstoffliches über seinen Schwiegervater entdeckt und daraufhin begonnen, seine Sinne dafür zu schärfen. Heute spürt er Wasseradern, Energiepunkte, Multiwellen und Verwerfungen im Gelände mit einer Rute auf – „nichts Besonderes", meint er, sondern lediglich eine Begabung, die im Laufe der Zeit verloren gegangen sei. Dabei besäßen Tiere und auch jedes Kind ein ausgeprägtes Gespür für das Erfassen von Energien – und damit für die Metaphysik.

Als Rutengänger ist Andi offen für alles, was sich zwischen den Welten bewegt. „Greifbar", sagt er, „ist das Ganze trotzdem für mich." Er findet am spannendsten, wenn die Grenzen geomantischer Störungen ineinander verfließen. Der Hof der Wallners ist ein guter Ort. Rechtsdrehend in der Polari-

tät, was laut Andi bedeutet, dass dem
Anwesen Energie zugeführt wird. Ob
das an der eigenen Quelle liegt? Am
riesigen Findling vor dem Haus oder
doch an einer Energielinie, die von
der Kirche im benachbarten Lalling
ausströmt? Andi weiß es nicht genau
und vermutet daher eine Kombination aus vielerlei Faktoren.

Energieorte sind das Ergebnis
eines Jahrmillionen währenden
Prozesses, das sich über die Schich-
tung des Bodens, seinen Feuchtegehalt, über den Anteil
diverser Edelmetalle und geomantische Aspekte wie
Bergketten, Wälder, Flüsse und Seen dann doch ganz gut
ermitteln lässt. „Es ist ja auch kein Ort gleich", wagt Silvia
eine Erklärung, und Andi pflichtet bei: „Weil es überall
einfach anders ist."

„

In der Natur liegt die absolute Ästhetik.

München ist anders als der Bayerische Wald – und der
wiederum unterscheidet sich deutlich von Island. Als
junge Erwachsene haben die Wallners dort prägende Jahre
verbracht. Silvia, die Betriebswirtin, in einem Reisebüro
und Andi, der Bankkaufmann, als Gruppenguide mit Busführerschein. Im
Bus umfuhr er zuweilen Orte, in die die Isländer keinen Fuß hineinsetzen
und in die kein Bauer sein Vieh treibt. Der Sage nach wohnen dort Elfen und
Trolle, deren Ruhe zu stören der Mensch besser lässt. Andi muss schmunzeln über den Glauben an Naturgeister auf der Insel aus Feuer und Eis – und
findet ihn trotzdem charmant. Die Wallners leben isländisch im Bayerischen
Wald. In großer Ruhe. Selbstorganisiert lässig. An einem der idyllischsten
Enden der Welt, das selbst Rehbock Hansi so großmütig und zahm werden
ließ, dass er die Winter in der Stube vor dem Ofen verbringt. „In der Natur
liegt die absolute Ästhetik", weiß Silvia, und somit auch die Erkenntnis, dass
das Universum in uns allen steckt.

Einmal mehr bringt Andi die Erde zum Klingen, doch dieses Mal schnarrt
sie metallen, sie zittert hysterisch und schreit. „Damit sich unser Planet
von der Ausbeute seiner Ressourcen auf natürliche Weise erholen könnte, bräuchten wir ihn 1,7-mal." Der Gong fiebert und flirrt wie überhitzter
Asphalt, diffus im Licht und viel zu laut für die Ohren. Drinnen Dissonanz,

draußen Idylle und Heil. Begreifen wir das Kaputte der Erde am eindrücklichsten im Angesicht einer nahezu vollendeten Harmonie? „Wir müssen demütiger werden", ist Silvia überzeugt. Und endlich bereit, nicht nur uns, sondern auch den Planeten zu schützen.

Irgendwann werden die Menschen zum Mars reisen können. 55 Millionen Kilometer hin – und wieder zurück. An eine Besiedelung des roten Planeten glaubt Silvia nicht. „Das ist eine Science-Fiction-Theorie, praktisch aber ein richtiger Schmarrn." In ihrer Firma indes ist ein Zukunftsprojekt in greifbare Nähe gerückt: „Wir bauen gerade an einer Röntgenquelle, um damit die Probe für eine Röntgenfluoreszenzanalyse mit schwacher Strahlung anzuregen." Ein so mutiger, kostspieliger wie hochfliegender Plan, der nach jahrelanger Forschung endlich aufzugehen beginnt.

Auch ein anderes Fernziel wurde kürzlich erreicht: „Wir beziehen ein elektronisches Bauteil, das als Vorverstärker auf dem Detektor sitzt, nun nicht mehr über Lieferanten, sondern können es selbst entwickeln und produzieren. Der Weg dorthin war aber auch irre verschlungen und steinig." Silvia schmunzelt und gesteht, dass selbst sie die hochkomplexen Innovationen ihrer Firma mit so futuristischen Namen wie VITUS H30, VIAMP oder AXAS-A nicht bis ins letzte Detail kapiert. Dafür hat sie sich zwei promovierte Physiker als Co-Geschäftsführer zur Seite gestellt – und ein 120-köpfiges Team aus naturwissenschaftlichen Nerds und technischen Experten.

Daneben scheint der Hof im Bayerischen Wald aus Raum und Zeit gefallen. Gibt es Oasen wie diese, ist nicht alles verloren. Selbst wer hier nichts fühlt, bremst und tankt Kraft. Andi hat seine Schlägel zur Seite gelegt. Der Gong schweigt, klingt aber immer noch anklagend nach. „Nicht alles, was zählt, kann gezählt werden, und nicht alles, was gezählt werden kann, zählt." Von Albert Einstein hat sich Silvia diesen Leitspruch geliehen. Wie richtig er ist, mag man ahnen. Inzwischen hat sich der Abend über die Landschaft am Brotjacklriegel gelegt. Die Sonne verglüht letzte Strahlen. Bald wird es Zeit sein, wieder aufzubrechen. Zu einer neuen Mission, wohin auch immer sie führt.

Ohne Raum und Zeit: Nur noch in dünn besiedelten Gebieten wie dem Bayerischen Wald werden nachts tausende Sterne sichtbar.

ZUM MOND UND ZURÜCK

Schon früh arbeitete die Bildhauerin, Fotografin
und Objektkünstlerin Magdalena Jetelová gegen das
totalitäre System in der Tschechoslowakei an. Sie
provozierte, lotete die Grenzen in der Kunst aus – und
weiß heute, dass es keine gibt.

Frau Jetelová, obwohl Ihr Nachname sehr tschechisch klingt: Sie stammen aus einer deutschen Familie?

MAGDALENA JETELOVÁ Halb, halb. Mein Vater kam aus Prag, er war gebürtiger Tscheche. Aber die Familie meiner Mutter war deutscher Abstammung, ja.

In Deutschland hat Ihre Kunst erstmals 1985 für Aufsehen gesorgt. Sie hatten mit Holzskulpturen die Dimensionen verändert: Ein Stuhl war plötzlich sechs Meter hoch, Treppen waren in ihrer Form umgekehrt und nicht zu betreten. Alles war unbenutzbar. Kunstkritiker sprachen von sowjetkritischen, politischen Metaphern. Waren Ihre Objekte so zu verstehen?

Die klaren Formen der Objekte stellten die Absurdität des totalitären Systems dar. Ganz Osteuropa und die Tschechoslowakei unterlagen bis Ende der achtziger Jahre ja dem Herrschaftsbereich der Sowjetunion. Die Besetzung der Ukraine zeigt allen die Brutalität wieder.

Wie muss man sich die tschechoslowakische Kunstszene vorstellen? Wie viel Provokation oder Ironie war möglich?

Es war sehr schwer. Provokation war bereits durch die doppelbödige Ironie der Skulpturen gegeben: Treppen, die nicht als solche funktionierten, sondern in ein Nirgend-

wo führten, marschierende Stühle oder kippende Tische, die vertikal und somit funktionslos dastanden. Wir Künstler haben Ausstellungen außerhalb der offiziellen Institutionen organisiert – auch auf die Gefahr hin, vom System unmittelbar verfolgt und zerstört zu werden. Wir wollten nicht wie eine russische Kolonie funktionieren, sondern suchten unsere Unabhängigkeit, wie heute auch die Ukraine. 1983 war der Direktor der Tate Gallery Michael Compton auf der Suche nach jungen Künstlern aus Osteuropa und hat eine Skulptur meiner „Nicht-Treppen" für die New Art Exhibition ausgewählt. Diese Ausstellung war für mich die erste großartige Begegnung mit meiner Generation in Westeuropa.

1985 haben Sie Ihr Heimatland verlassen. Sind Sie freiwillig gegangen oder wollte man Sie loswerden?

Beides. Erstaunlicherweise habe ich zum ersten Mal einen Pass und die nötigen Dokumente bekommen, um nach Jugoslawien zu reisen.

Am 9. November 1989 konnte die Welt den Fall der Berliner Mauer mitverfolgen. Wie erfuhren Sie von diesem Ereignis?

Ich erinnere mich, dass ich gerade voll beschäftigt war mit einer Ausstellung in New York, als mich die Nachricht erreichte. Meine Freunde hatten mich informiert und ich habe mich wie verrückt gefreut, dass sich die Demokratie durchgesetzt hat. Unter einer Despotie geboren zu sein und zu leben, ist für viele normale Leute unvorstellbar. Es ist ein Desaster.

Seit Mitte der achtziger Jahre experimentieren Sie mit Licht- und Laserprojektionen in der Natur. Immer wieder brechen Sie zu neuen Orten auf. Inwieweit hat dieses Aufsuchen von Unbekanntem mit Ihrer Biografie zu tun?

Als Kind war meine Welt noch überschaubar. Ich hinterließ versteckte Botschaften und kleine Zeichnungen an den Unterseiten der Möbel. Mit der Zeit hat sich mein Blickfeld vergrößert, neue Fokussierungen und Dysfunktionen stellten interessante Veränderungen auch in den Dimensionen dar: Tische veränderten sich und waren ihrer Funktion enthoben. In der wahrgenommenen Welt zeigte sich plötzlich die Absurdität des Alltäglichen.

In Ihrem „Iceland Project" visualisierten Sie mit einem Laserstrahl die geologische Nahtstelle zwischen Europa und Amerika. Für die Lichtspur haben Sie Satelliten eingesetzt und damit nicht nur das Land, sondern auch den Himmel einbezogen. Ihre Arbeit „Besprechung mit dem Mond" führte Sie einmal mehr ins

Universum. Ist Ihnen nie ein Projekt zu maßlos, zu groß?

Die technische Entwicklung hat den Blick der Menschen enorm erweitert – und trotzdem ist er noch immer sehr beschränkt. Das sind die Veränderungen von heute. Die Erfahrung, mit Hilfe von Radarwellen mit dem Mond zu kommunizieren, ist faszinierend – vor allem dann, wenn man gleichzeitig den Urknall hören kann. Die Dimension ist freilich unvorstellbar für uns alle! „Essential is no longer visible." Das ist ein Satz von Paul Virilio *(französischer Philosoph, Anm. d. Autorin)*, der mich sehr fasziniert und in meinem Patagonia-Projekt die Antwort auf die zerschmelzenden Eisblöcke gibt: „Essential is visible."

Sie haben in vielen Ländern der Welt gearbeitet und ausgestellt. Ist die Kunst ein besserer Kommunikator als die Politik, um nationalistische Einstellungen aufzubrechen?

Kunst ist sehr stark. Ihre Aussagen haben immense Auswirkungen. Und sie hat das unerschöpfliche Potenzial, immer wieder neue Perspektiven aufzuzeigen und dadurch ihre Instrumentalisierung zu überwinden.

Die europäische Kunstgeschichte ist mit deutlich westlichem Akzent geschrieben worden. Hat sich der Westen zu wenig mit der osteuropäischen Kunstszene auseinandergesetzt?

Ja, ich denke schon. Die Dominanz des Westens hat aber auch der Visualität Freiheit geschenkt, was generell sehr wichtig war: Nur so konnte deutlich werden, dass die visuelle Botschaft, also die Kunst, keine Grenzen akzeptiert. Selbst die Despotie kann Kunst nicht eliminieren. Kunst ist unabhängig. Sie ist eine breite, farbvolle und lebendige Substanz, die keine Grenzen kennt.

Die Globalisierung hat den internationalen Austausch in den vergangenen dreißig Jahren zunehmend befördert. An welchen Stellen beziehungsweise in welchen Disziplinen braucht es in Europa noch mehr Ent-Grenzungen, um zusammenzuwachsen?
Ich habe mit meinen Studenten immer internationale Programme erarbeitet und durchgeführt. Wir waren unter anderem in Japan, Polen, Korea, Kuba, New York und Mexiko. Diese Projektreisen in andere Länder ließen uns wirklich verstehen, dass die Erde eine Kugel ist, die wir schützen sollten, anstatt sie zu zerstören. Kunst wächst überall. In Kuba hat mir eine Künstlerin gezeigt, wie sie ihre Poesie verstecken muss und gleichzeitig verbreiten kann: Mit der Nähmaschine notierte sie ihre verbotenen Texte auf die Rückseiten von Schmirgelpapier und stellte sie aus. Poesie als Schmirgelpapier – das hat mich sehr an den Samisdat in der ehemaligen Tschechoslowakei

erinnert. Jede neue Idee bereichert und erweitert unsere Wahrnehmung durch ihre Inspiration.

In der Ausstellung „Grenzen in der Kunst", die das Kunstforum Ostdeutsche Galerie Regensburg im Sommer 2021 zeigte, machten Sie gemeinsam mit Ihren Landsleuten Toyen und Krištof Kintera die Geschichte der Tschechoslowakei beziehungsweise Tschechiens mit den Veränderungen gesellschaftlicher und politischer Grenzen sichtbar. Zeigt Ihre Kunst nur Grenzen auf oder sind ihr nicht doch auch Grenzen gesetzt – wie der doppeldeutige Ausstellungstitel vermuten lässt?
Wir drei Künstler stammen aus drei Generationen. Ich habe die Ethnologie in den Grenzen gesucht, aber weder in Patagonien noch anderswo konnte ich eine Grenze entdecken, deswegen habe ich mit Hilfe sogenannter Corner-Reflektoren, also mit Spiegeln zur Reflexion von Radarwellen, vom Mond erwartet, Grenzen zu finden. Die Antwort – das Echo des Mondes war schnell zu hören – war der Ton des Urknalls, verbunden mit meiner eigenen Stimme.

$\longrightarrow$

Seite 110: Erde–Mond–Erde – bis zur Erfindung der Satellitenkommunikation kam für die Funkverbindung zwischen zwei weit entfernten Punkten auf der Erde der Mond als passiver Reflektor zum Einsatz.

MAGDALENA JETELOVÁ

OPERATION AM
OFFENEN HERZEN

Der Fall des Eisernen Vorhangs hat das Leben an der
Grenze nachhaltig verändert. Beide Seiten profitieren.
Trotzdem reißen manchmal alte Wunden auf. Als
Mediziner weiß Miroslav Pour, dass Heilung Zeit
braucht – und als Leichtathlet, was Schwerstarbeit ist:
die Ausdauer auf dem Weg zum Ziel.

Es war einmal und es ist noch immer und immer wieder, jedes Jahr
zur Weihnachtszeit. Wenn sich Mütter und Töchter, Großeltern und
Enkel, beste Freundinnen, frisch Verliebte und ganze Großfami-
lien vor die Fernseher kuscheln, den gut aussehenden Prinzen bewundern,
sein prächtiges Schloss, das Ballkleid seiner Zukünftigen und – hach – die
Musik, die den Engeln höchstpersönlich abgelauscht scheint, dann flimmert
ein Märchenfilm über die Bildschirme, der in den fünfzig Jahren seit seiner
Produktion europaweit Kultstatus erlangt hat: *Drei Haselnüsse für Aschen-
brödel*. Ein Blockbuster, der Herzen öffnet, wohlige Wärme ausströmt, die
Böden der Tatsachen unter den Füßen wegzieht und auch bei Miroslav Pour
Weihnachten für Weihnachten eine existenzielle Sehnsucht auslöst. Nach
Heimweh und Fernweh gleichermaßen und einer Prinzessin mit rostroten
Haaren und moorgrünen Augen, die einen Schimmel durch den verschnei-
ten Böhmerwald lenkt.

Miro mag Märchen, den anarchischen Geist darin, das Wissen, dass das
Gute über das Böse siegt – und die tschechoslowakisch-ostdeutsche Film-
version von *Aschenbrödel* ganz besonders. Zumal die Protagonistin mit
Fellweste, schmutzigen Wangen, strubbeliger Frisur und mangelndem

Respekt vor Obrigkeiten und Konventionen zu seiner Familie gehört. Indirekt zumindest, hatte Miros Onkel doch gehörigen Anteil am Gelingen des Films. „Er war der heimliche Regisseur, hat alle Drehorte im Böhmerwald ausgewählt und sogar kleine Begebenheiten aus unserer Familie im Film versteckt", erzählt Miro über seinen Onkel Jaroslav Pour, der im Abspann als Regieassistent auftaucht. „Weil er nicht in der Partei war wie sein deutlich politischerer Kollege." So führte Václav Vorlíček Regie des 1973 produzierten Weihnachtsklassikers und wurde dafür gefeiert wie ein Prinz. Bis heute umweht den Film eine gewisse Tragik. Etliche Mitwirkende starben früh, wurden schwerkrank oder erst nach der Wende gewürdigt – wie auch Miros Onkel, der 1990 jedoch schon Mitte sechzig und auf dem Weg in den Ruhestand war.

Mit Geschichten über Ungerechtigkeiten und Unterdrückung im Kommunismus könnte Miro Bücher füllen. Er schenkt Kaffee nach und rückt sich den Gartensessel in eine bequemere Position. Vom Himmel brütet die Sonne, es ist Anfang September und erbarmungslos heiß. Weil seine Oma eine Sudetendeutsche war, die aus Liebe zu Mann und Kindern in der Tschechoslowakei blieb, litt die Familie über drei Generationen. Miros

Vater wurde das Studium verwehrt, er verdiente sich als Fabrikarbeiter sein Geld. „Auch mein Bruder und ich sollten nicht in eine höhere Schule und schafften es nur mit viel Glück und guten Noten aufs Gymnasium." Miro ist 1974 in Klattau geboren und hat fast jede freie Minute seiner Kindheit in einem Hotel in Železná Ruda verbracht. Ein weiterer Onkel war Küchenchef dort, die Tante seine Gehilfin am Herd. „Das Hotel lag direkt am Eisernen Vorhang und immer, wenn jemand flüchten wollte, ging der Alarm los", erinnert sich Miro – auch an die Grenzwächter und Soldaten, die häufig nach Dienstschluss in der Hotelgaststätte aufschlugen und so stolz wie hämisch berichteten, wenn sie wieder einmal einen Flüchtenden erwischt und gefangen genommen hatten.

Wie bedrückend, aber auch gefährlich das Grenzgebiet war, erfuhr Miro schon als Kind am eigenen Leib. „Ich war sechs oder sieben, als ich mit meinem Hund durch die Gegend streifte, irgendwo auf einer Wiese einschlief und danach den Rückweg zum Hotel nicht mehr fand." Als der Hund endlich die richtige Fährte aufnahm, war es schon finster und Onkel und Tante verzweifelt. „Sie hatten Angst, dass ich versehentlich über die Grenze gerate", erzählt Miro. Die Soldaten waren grob, überdies meist betrunken und damit unberechenbar. „Sie schossen auf alles, was sich bewegte."

Wenn Miro sich an Menschen erinnert, dann selten über ihre Gesichter. Hände dagegen vergisst er fast nie. Miro ist Facharzt für Unfall- und Handchirurgie. Ausgebildet in der größten Klinik Tschechiens, dem Bulovka-Universitätskrankenhaus in Prag, spezialisierte er sich zunächst auf Traumatologie und Orthopädie – und schlug als junger Assistenzarzt einen traurigen Rekord: „Ich hatte fünf Tage und Nächte durchgearbeitet. Erst dann schickte mein Professor mich für 48 Stunden nach Hause." Als Belohnung fürs Wachsein und zum Nachholen von Schlaf, bevor der Teufelskreis im Dienst von vorne losging. Weil Miro in den zurückliegenden zwanzig Jahren zu viel Zeit mit seiner Arbeit verbracht hat, fühlt er sich heute ausgebrannter denn je. Nicht belastbar. Krank. Schon mehrere Monate muss die Arberlandklinik in Zwiesel, wo er derzeit arbeitet, auf ihren einzigen Handchirurgen verzichten – eine Situation, die Miro selbst am allermeisten betrübt. „Ich liebe meinen Beruf und möchte so bald wie möglich zu meinen Patienten zurück." Wohl wissend, was ihn dort vom ersten Tag an wieder erwartet: Personalmangel, Zeitdruck und Rund-um-die-Uhr-Einsätze als Notarzt, gestresste Kollegen, Überstunden, Überstunden, Überstunden.

In den neunziger Jahren, nach der Wende, gefiel Miro der Zeitgeist gut. Viele waren optimistisch und pazifistisch – und Miro war es auch. „Die Welt war noch nicht so schnell", resümiert er und meint mit der „Welt" wohl die Summe der Anforderungen, die den Einzelnen durch Druck von außen zum Schnellerwerden zwingt. Doch: Ein Hastiger macht Flüchtigkeitsfehler, was in Miros Beruf fatale Folgen haben kann. „Was habe ich davon, wenn ich schnell bin, am Ende aber das Ergebnis nicht taugt?" Immer weniger Nachwuchsmediziner wollten Verantwortung übernehmen, bedauert er, was den Ärztemangel weiter befeuere, in Deutschland genauso wie in Tschechien und ohnedies europaweit.

Miros Beruf ist Schwerstarbeit. Schwerstarbeit bestimmt auch seine Freizeit, wenngleich in völlig anderer Form. Als Hammerwerfer wuchtet er 7,26 Kilo durch die Luft. Möglichst schnell, möglichst weit und ohne sich dabei zu verheben oder in der Drehung zu verbiegen. „Früher", erzählt er, „da war ich richtig gut." Viertbester Hammerwerfer der Tschechoslowakei. Er wollte Profisportler werden – nicht weil er die Leichtathletik so sehr liebte, sondern weil die Aussicht lockte, zu Wettkämpfen in den Westen zu reisen. In die Freiheit, wenn auch nur für kurze Zeit.

Nur wer die Vergangenheit sieht, kann die Zukunft gestalten.

Miro ist ein guter Handwerker. Als Chirurg. Als Sportler. Und als Bauherr. Vor einigen Jahren haben er und seine Frau Jitka sich das ehemalige Herrenhaus des Spiegelglasfabrikanten Georg Christoph Abele gekauft. In Nová Hůrka, einem Ortsteil der Gemeinde Prášily im Böhmerwald, nur fünf Kilometer von der tschechisch-deutschen Grenze entfernt. Mit großem Aufwand, hochwertigen Materialien und viel Liebe zum Detail hat das Paar das denkmalgeschützte Gebäude aus dem 19. Jahrhundert in ein gemütliches Heim für die siebenköpfige Familie und gut ein Dutzend Feriengäste verwandelt, die in separaten Appartements wohnen.

„Hier spürt man noch die Energie der Menschen, die früher hier lebten", erzählt Miro. Als Historikerin hat seine Frau sich noch intensiver als er mit der Vergangenheit des Hauses befasst, einst wichtige Anlaufstelle im Dorf, vorne Forstamt, hinten Post. Von der Lebendigkeit der Ortschaft, die früher Neuhurkenthal hieß, erzählen heute nur noch traurige Reste. Der Schnee der letzten Winter hat das Gebäude schräg gegenüber eingedrückt, aus den Mauern wachsen Gestrüpp und kleine Bäume. Miro hatte Kontakt aufgenommen zu einigen ehemaligen Bewohnern, alle Sudetendeutsche wie seine Oma und seit der Vertreibung gleich hinter der Grenze auf bayerischer Seite daheim. Sie besuchten sich ein paarmal gegenseitig, tauschten alte Fotos und Dokumente aus, ein kleines Stück deutsch-tschechische Verständigung. Heute sind die einen alt, die anderen tot. Miro dagegen forscht weiter, interessiert sich für die Geschichte des Böhmerwalds und besonders seiner Menschen.

„Nur wer die Vergangenheit sieht, kann die Zukunft gestalten", glaubt er und geht regelmäßig die zwei Kilometer hinauf auf den Berg, von Nová Hůrka nach Hůrka, einer von den Tschechen nach dem Zweiten Weltkrieg geschliffenen Siedlung, die vor 300 Jahren gegründet worden und für die Arbeiter der nahe gelegenen Glashütte bestimmt gewesen war. Zur Blütezeit des Ortes um 1920 lebten gut 360 Menschen in Hurkenthal. Heute ist vom Dorf nur die Kapelle übrig, in der 23 Mitglieder der Glasfamilien Abele und Hafenbrädl schneewittchengleich in gläsernen Särgen bis in die Ewigkeit ruhen. Auch in trauriger Erinnerung an jene besoffenen Soldaten, die in den fünfziger Jahren mit der Liquidierung der Gruft beauftragt waren, stattdessen aber die Toten aus den Särgen holten, mit den mumifizierten Körpern tanzten und die Schreine mit Pistolen zerschossen, ist am Eingang zur Kapelle eine Glocke der Versöhnung angebracht. Sie klingt hell und weit in die Allee aus hundert greisen Ahornen und Linden hinein, aber auch hörbar blechern und verstimmt.

Mit der Versöhnung sei das so eine Sache, sagt Miro. Zusammen mit Mitgliedern kirchlicher und ökologischer Institutionen aus Bayern und Böhmen hatte er sich vor zwanzig Jahren federführend für die Instandsetzung der Kapelle samt nebenstehender Kirchenruine engagiert. Hand angelegt als Zeichen der Verbundenheit und Geste guter Nachbarschaft. „Es gibt allerdings noch zu viele gestrig Denkende hier in der Gegend", beklagt er. Ehemalige Regimetreue, die die Beziehung zwischen Tschechen und Deutschen belasten. Im Gemeinderat von Prášily, in dem Miro selbst eine Wahlperiode lang saß, wetterten nach wie vor Kommunisten gegen Demokraten. „Es wird noch zwei oder drei Generationen brauchen, bis endlich Frieden einkehrt."

Mit Jonas Vit ist dazu der Auftakt gesetzt. Miros fünfjähriger Sohn stürmt auf die Terrasse, den gutmütigen Haushund im Schlepptau, und stibitzt dem Papa ein Stück Kuchen vom Teller. „Promiň." Der Junge lacht, er hätte „Tut mir leid" genauso gut auf Deutsch sagen können. Jonas Vit wächst zweisprachig auf und in ein Europa ohne Grenzen hinein. Deutschland? Tschechien? Völlig egal. Der Kuchen schmeckt köstlich. Er ist aus Haselnüssen gebacken und lässt keinen Wunsch frei.

Wo das kommunistische Regime einst ein militärisches Sperrgebiet ausgewiesen hat, schmücken heute die Menschen ihre Häuser mit Blumen und weiden wieder Kühe. In Hůrka erinnern bebilderte Tafeln an das ehemalige Glasmacherdorf.

STIMME DER FREIHEIT

Lída Rakušanová hat Geschichte gesprochen. Als
führende politische Radiojournalistin ihres Landes
und, ja, ihrer Zeit. Ihr Einsatz für ein vereintes Europa
hat ihr zahlreiche Preise eingebracht. Dazu einen
Oscar – und Bekanntheit für eine Lebensleistung,
vor der man sich verneigen darf.

Lída war neun, als sie erkannte, dass etwas schiefläuft in ihrem Land. Nachdem der Stalin-Kult 1956 für beendet erklärt worden war, forderte Lídas Lehrerin die Kinder auf, den Namen des Diktators in den Gedichten, die sie auswendig lernen sollten, durch den seines Vorgängers zu ersetzen. Lenin reimt sich ja auch. „Dabei hat sie uns vorher eingetrichtert, wie toll Stalin war und dass er es nur gut mit uns meinte." Lída verdreht die Augen, denkt sie an ihre Schulzeit zurück. Dann steckt sie eine Büroklammer ins SIM-Kartenfach ihres Smartphones, wechselt den Datenchip aus und drückt seinen Träger zurück ins Gehäuse. Sie besitzt zwei SIM-Karten für ihr Handy. Zwei Namen besitzt sie auch. Sieht sie auf dem Display einen Anruf aus Deutschland, meldet sie sich mit „Ludmila Rakušan". Für ihre tschechischen Landsleute ist sie Lída Rakušanová – und eine Berühmtheit.

Als politische Journalistin und Redakteurin bei *Radio Free Europe* verstand sich Lída als Stimme freier Exilanten der Tschechoslowakei und sprach zwanzig Jahre lang von München aus gegen die Manipulation ihres Volkes durch das kommunistische Regime an. „Es war ein spannender Job", resümiert sie. Ein gefährlicher obendrein. Als am 21. Februar 1981 eine Bombe in ihrer Redaktion explodierte, hatte Lída bereits Dienstschluss, sie war daheim in Sicherheit. Das Ausmaß des Anschlags, von dem Lída noch in der Nacht am Telefon erfuhr, war enorm. Der Gebäudeteil, in dem die tschechi-

PORTRÄT

120

sche Redaktion untergebracht war, völlig demoliert. Alle Fenster zerborsten. Drei Kollegen verletzt, die Sekretärin schwer. Es herrschte Kalter Krieg am Englischen Garten, weil Journalisten wie Lída über den Osten berichteten – und dieser seine Geheimdienste anwies.

Lída maß dem Vorfall nicht allzu viel Bedeutung bei – und machte weiter. „Meine einzige Sorge war, dass die Kommunisten mich erpressen und meine damals siebenjährige Tochter entführen könnten." Pläne dafür gab es, wie Lída aus Unterlagen der tschechoslowakischen Geheimpolizei *Státní bezpečnost* nach der Wende erfuhr – und außerdem schon in den fünfziger Jahren die Absicht, Mitarbeiter aus der tschechoslowakischen Abteilung in der Kantine des Senders zu vergiften.

Lídas Kaffeeautomat faucht. „Ich muss ihn wohl wieder mal durchsehen lassen", lacht sie und klopft ihm resolut in die Seite. Sie stellt zwei dampfende Tassen auf den Tisch ihrer Wohnküche, die so gemütlich ist wie das gesamte kleine Anwesen in Kandlbach, das Lída seit den späten siebziger

Jahren als Rückzugsort dient. Sie und Josef, ihr Mann, haben sich schock-verliebt damals. In den Ort, „wo wir als Ausländer so freundlich aufgenom-men wurden". In das Haus mit der Sankt-Josefs-Figur an der Fassade. In das Grundstück, auf dem der Nachbar seine Ziegen weiden ließ, die alles nieder-fraßen, was den meckernden Mäulern lecker erschien. Dass das Haus, zwei Autostunden von München entfernt, am gerade gegründeten Nationalpark Bayerischer Wald und damit nur einen Luchssprung von der Landesgrenze zur Tschechoslowakei entfernt lag, habe bei der Immobiliensuche keine Rolle gespielt. „Wir hielten die Wende ja nie für möglich", erklärt Lída. Und eine Rückkehr in die alte Heimat für ausgeschlossen, zumal die Rakušans, offi-ziell als „Staatsfeinde" geführt, dort ohnehin im Gefängnis gelandet wären.

„

Wir hielten die Wende ja nie für möglich.

Lída hatte 1968 das Land verlassen. Nicht aus politi-schen Gründen, sondern aus Liebe zu Josef, einem Foto-grafen, den sie als Studentin der Bohemistik und Süd-slawischen Sprachen in Prag kennengelernt hatte. „Josef war so sauer, weil keiner gegen die Russen aufstand. Er konnte einfach nicht mehr bleiben." Unter der Bedin-gung, kein Asyl zu beantragen, sondern nach einem Jahr zurückzukehren in die Tschechoslowakei, ging Lída mit ihrem Verlobten nach Deutschland. „Ich wollte die Tür nicht ganz zuschlagen, womit Josef einverstanden war." Auch Lídas Mutter war beruhigt.

Im Nachbarland stand das Wirtschaftswunder in voller Blüte. Alleror-ten wurden Arbeitskräfte gesucht – und Lída und Josef mit offenen Armen empfangen. „Wir wohnten bei serbischen Freunden in Frankfurt, jobbten an einer Tankstelle und arbeiteten in einer Fabrik." Dort schraubten sie Straßen-laternen zusammen. Am Fließband, es sollte ja nur vorübergehend sein. Doch als sich im Mai 1969 das Politbüro der Tschechoslowakei bei den Kommunis-ten in Moskau für die „brüderliche Hilfe" bedankte, war Lída klar, was das bedeutete: Die Heimat kapitulierte, woraufhin sie und Josef beschlossen, in Deutschland zu bleiben. Mit einem Stipendium der Otto Benecke Stiftung in der Tasche, das den beiden den Zugang zu einer deutschen Uni erleichterte, zogen sie von Frankfurt nach München. „Mir hätte Hamburg zwar besser gefallen, ich liebte das Meer. Aber Josef bevorzugte den bayerischen Lebens-stil, der dem böhmischen sehr ähnlich ist." Außerdem gab es Bier in großen Krügen und mit *Radio Free Europe* ebenjene von den Amerikanern gegründete Rundfunkanstalt, in der Lídas journalistische Karriere begann.

Früher, da hatte sie einen anderen Traum gehabt: „Ich wollte Schau-spielerin werden, besaß aber nicht ausreichend Mut." Jugendliche Courage dagegen schon. Mit dem Laien-Ensemble ihrer Heimatstadt Budweis trat Lída 1964 beim Theaterfestival im mährischen Hronov auf. Auf dem Spielplan: *Das Gartenfest* von Václav Havel, eine beißende Satire auf die vom Staat geforderte Phraseologie, die aus dem Ruder gerät, sich verselbständigt und die Menschen zu Erfüllungsgehilfen degradiert. Nur das Prager Theater am Geländer wagte noch, das politisch so brisante wie gewagte Stück zu spielen – und lud die Budweiser Truppe zu einem Gastauftritt ein. „Ich habe Havel als sehr schüchternen Mann erlebt. Die Standing Ovations für sein Stück waren ihm peinlich." Hätte Lída geahnt, welche Rolle er ihr dreißig Jahre später zuteilte, als er längst Präsident des Landes war, „ich hätte mich totgelacht damals". Und die Welt hätte mit Lídas Biografie über Václav und Dagmar Havel einen Bestseller verpasst.

Ihr Interesse für die Bühne weckte Lídas Stiefvater, der sie im Alter von elf Jahren adoptierte. Das Budweiser Theater hatte ihn als Kulissenschieber angestellt. „Das war der Sammelort für verkrachte Existenzen." Für ihn, den Tschechen aus Prag, war das Leben mit der Machtergreifung der Kommunisten ins Schlingern geraten. 1948 war er gerade zwanzig. „Er türmte nach Deutschland und kam in ein Flüchtlingslager nach Nürnberg, wo er sich vom französischen Geheimdienst anwerben ließ." Mit der Aussicht auf einen Studienplatz in Paris sollte er versteckte Nachrichten in die alte Heimat schmuggeln, maximal drei- oder viermal. „Mein Vater wurde schon beim ersten Versuch geschnappt", bedauert Lída. Und zu sechzehn Jahren Gefängnis verknackt, wovon eine Amnestie ihm die Hälfte erließ.

Lída schwört auf die Gerechtigkeit. Las mit zwölf bereits ein Buch über Abraham Lincoln – und wollte sein wie er. Den Kampf aufnehmen für die Gerechtigkeit. Aufzeigen und anprangern, was falsch läuft. Sie stellte ihre Arbeit in den Dienst der Freiheit und Demokratie. Verfasste Hunderte Hörfunkkommentare dazu. Literatursendungen mit Lesungen von Autoren, deren Bücher das Regime strengstens verbot. Als *Radio Free Europe* seine tschechische Redaktion Mitte der neunziger Jahre in München auflöste, ging Lída als freie Journalistin von München nach Prag. Korrespondierte für namhafte Zeitungen im deutschsprachigen Raum, rief einen eigenen Fernsehtalk ins Leben und drehte für die öffentlich-rechtliche *Česká televize* 23 Dokumentarfilme über den Wandel in der tschechischen Gesellschaft.

Morgen fährt Lída wieder nach Prag. „Ich muss dort nach dem Rechten sehen." In ihrer Wohnung am Rande der historischen Altstadt, bei Freunden, Kollegen und langjährigen Vertrauten. Seit Josefs Tod vor sechs Jahren pendelt Lída alleine zwischen Tschechiens Hauptstadt und der bayerischen

Provinz. In Kandlbach knattern noch Traktoren, die Vereinskultur lebt, Katzen finden echte Mäuse und man kennt einander. „Und wenn man sich nicht kennt, glaubt man, sich zu kennen", schmunzelt Lída. Sie ist fest im Dorf integriert, das so klein ist wie europäisch. Als die Tochter des Nachbarbauern kürzlich einen Tschechen heiratete, hat Lída die Unterlagen fürs Standesamt übersetzt. Viele im Dorf arbeiten mit tschechischen Kollegen. Finden das selbstverständlich – und gut. „Hier im Grenzgebiet sind feste Geflechte entstanden", freut sich Lída. Nicht von oben angeordnet, sondern von unten mit Herzblut geknüpft.

Lída besitzt einiges doppelt. SIM-Karten, Namen, Sprachen, Staatsbürgerschaften. Die deutsche und, nachdem das Gericht in Prag ihre einstige Ausbürgerung zurücknahm, auch wieder die tschechische. Doch auch wenn sie die längste Zeit ihres Erwachsenenlebens in Deutschland verbracht hat: „Ich fühle mich nicht deutsch, weil ich nicht wissen kann, wie Deutsche sich fühlen." Sie bleibe eine Tschechin, sagt sie. Und Europäerin, ganz klar.

Wie ihr Leben wohl aussähe, wäre sie in der Heimat geblieben? „Die Dinge geschehen so, wie sie geschehen sollen", ist Lída überzeugt – und: „Ich war zur rechten Zeit am richtigen Ort und habe nichts vermasselt." Im Gegenteil. Für ihre Arbeit wurde Lída mit etlichen Preisen bedacht. Mit dem „Women of Europe Award" der EU. Dem Kunstpreis der tschechisch-deutschen Verständigung. Dem „Opus Vitae" der Stiftung Tschechischer Literaturfonds für „herausragende journalistische Leistungen und die Förderung der Werte von Freiheit und Demokratie vor und nach 1989". Lída wird weitermachen, solange sie kann. Diskussionen führen. Kommentare sprechen. Bücher schreiben. Ihr jüngstes heißt *Frei in Europa,* ein so offenes wie unprätentiöses Memoire über ihre Generation inmitten der wechselvollen Geschichte in der zweiten Hälfte des vergangenen Jahrhunderts.

Lídas Stimme wurde zum Symbol der freien Tschechoslowakei. So kam auch Regisseur Jan Svěrák Mitte der neunziger Jahre mit der Bitte auf sie zu, eine Radiomoderatorin in seinem Kinofilm *Kolya* zu spielen. Darin muss ein Prager Cellist durch seine Scheinheirat die Verantwortung für einen fünfjährigen russischen Jungen übernehmen. Nur allmählich erliegt der vom Leben enttäuschte Mann dem Charme des Kindes und lernt zu verstehen und zu lieben. „Es ist ein warmherzig inszenierter Film", erinnert sich Lída. Ein herausragender auch. Er wurde mit einem Oscar prämiert.

DER SOUND DES UNERHÖRTEN LEBENS

Dass Marios Joannou Elia von der geteilten Insel Zypern stammt, wirkt tief in sein Schaffen hinein. Der Komponist verwandelt Freiheit in Töne und öffnet mit visuellen Klangporträts die Tore zur Welt. Als Netzwerker im Auftrag des Friedens weiß er, warum Scherben am besten mit Gold zu kitten sind – und wie griechisch der Kaffee der Türken schmeckt.

Als Mitglied der Europäischen Akademie der Wissenschaften und Künste bringen Sie europäische Integrationsprozesse auf den Weg. Im Netzwerk „Slavonic Europe" engagieren Sie sich zudem als Brückenbauer zwischen Ost und West. Wie gestaltet sich dieser Dialog im Moment?

MARIOS JOANNOU ELIA Er ist schwierig. Zwar bin ich Optimist, aber ich sehe auch die Grenzen, die erst noch überwunden werden müssen, um einen wirklich fruchtbaren Dialog zustande zu bringen. Meine Aufgabe ist es, den Menschen die Welt durch Musik näherzubringen. Die Erde in ihrer Vielfalt zu einem besseren Ort zu machen und ihre ästhetischen Merkmale miteinander zu verbinden. Kultur ist dazu in der Lage. Ausgehend von den Themen unserer Zeit möchte ich Initiativen anstoßen, die einerseits Werte und Ideale fördern, andererseits aber auch die Historie reflektieren und gleichzeitig die Zukunft formen. Der Dialog mit Russland ist aus bekannten Gründen im Moment nicht möglich. Nicht etwa, weil unsere Projektpartner dort nicht wollten, sondern weil politische Richtlinien jegliche Kooperation unterbinden.

Vor welche Aufgaben stellt der Krieg die Kunst?

Durch den Krieg werden unsere Bemühungen, Menschen zusammenzubringen, umso stärker. Es ist wie ein zerbrochenes Glas, das wieder geklebt werden muss. In Japan gibt es die traditionelle Technik des Kintsugi, was so viel heißt wie „Reparieren mit Gold". Dabei werden zerbrochene Tassen und Teller mit Hilfe eines speziellen Lacks wieder zusammengefügt und mit Gold und Silber veredelt. Es entsteht ein neues Kunstwerk. Der Krieg hinterlässt Scherben, kann aber, wenn wir die Scherben auf Kintsugi-Art zusammenbauen, etwas Neues, Schönes hervorbringen. Oder wir sagen es mit Aristoteles: „Das Ganze ist mehr als die Summe seiner Teile." Eine Krise ist nie einfach. Sie birgt aber die Chance, uns wieder mehr als Menschen beziehungsweise als Menschheit zu begreifen. Wir sollten aus der Vergangenheit lernen und Fehler nicht immer wiederholen.

Was halten Sie von den Kultursanktionen gegen Russland oder von gestrichenen Engagements russischer Künstlerinnen und Künstler?

Leider wird Kunst immer wieder

politisch instrumentalisiert. Dabei ist sie so wertvoll und sollte nie als Werkzeug missbraucht werden. Künstler nach ihren Pässen zu beurteilen, halte ich für falsch. Kunst muss autonom bleiben, allein ihr ästhetisch-holistischer Inhalt ist von Bedeutung.

2016/17 haben Sie mehrere Monate an der Ostküste Sibiriens verbracht, um Ihr Großprojekt „Sound of Vladivostok" zu verwirklichen. Was hat es mit dem Werk auf sich?
Es ist ein audiovisuelles Porträt dieser Stadt. Wladiwostok war ja ein in sich geschlossener Raum, der ausschließlich dem militärischen Zweck Russlands diente. Den Bürgern war es verboten, die Stadt zu verlassen – und im Gegenzug durften auch keine Menschen von außerhalb nach Wladiwostok. Die Stadt war ein Ghetto. Nach der Wende ab 1990 ging es dort umso wilder zu. Ein entfesselter Raum ohne Berührung zum Rest der Welt. Das klang interessant für mich: Wladiwostok, diese Stadt am Ende der Welt, die gleichzeitig das Tor zur Welt ist. Die Stadt birgt großes Potenzial. Ich wollte die Leute aufwecken. Sie motivieren, bei meinem Projekt mitzuarbeiten und damit ihren Teil zur Gesellschaft beizutragen. Die direkte Auseinandersetzung war Voraussetzung für mein Klangporträt. Es rührt tief

im Inneren, kommt ohne Retusche des Subjekts daher. Das macht das Werk authentisch. Harmonie und Kakofonie der Stadt werden hörbar, was natürlich nicht jedem gefiel. Mein Kameramann und ich wurden oft argwöhnisch beäugt. Als sie uns mit unserer Ausrüstung sahen, dachten einige, hier kommen zwei ausländische Spione. Im Laufe der Zeit jedoch entstand eine Freundschaft zu den Bewohnern, sie entwickelten das Projekt mit. Am Ende der Premiere stand sogar ein Mann mit Tränen in den Augen auf und bedankte sich für die „Hymne" auf Wladiwostok – obwohl er zugeben musste, sich in der Lokalzeitung anfangs sehr misstrauisch über unsere Präsenz in der Stadt geäußert zu haben.

Wladiwostok ist eine mächtige Marinebasis der russischen Pazifikflotte und besitzt den größten Hafen der Atommacht am Stillen Ozean. Mit welchen Emotionen denken Sie heute an die Stadt und ihre Bewohner?
Es kann gut sein, dass Menschen, die ich kannte, nun nicht mehr leben, weil sie im Krieg gefallen sind. Krieg bedeutet immer Leiden, man kann und darf ihn nicht akzeptieren. Ich denke an all die Mütter, deren Söhne in der Armee sind. Welche Ängste müssen sie durchstehen, wenn sie tagelang nichts von ihren Kindern hören. Ich hatte

bislang noch keine Gelegenheit, ein Projekt in der Ukraine zu realisieren und den Menschen dort besonders nahe zu sein. Aber das spielt auch keine Rolle, denn ich leide für beide: für die Russen und die Ukrainer.

Was verbindet Russland und Ihre Heimat, die Inselrepublik Zypern – außer das vorherrschende orthodoxe Christentum und das nicht lateinische Alphabet?

Die Russen und auch mein Volk sind sehr stolz auf ihren Reichtum an Kultur. Und natürlich verbindet uns seit der Renaissance eine humanistische Grundhaltung: die optimale Entfaltung der menschlichen Fähigkeiten durch die Einheit von Wissen und Tugend. Hier bildet der orthodoxe Hintergrund, der Bezug zu Byzanz, vermutlich die gemeinsame Basis. Die Suche nach Geistlichkeit, die ja mit impliziert, dass man sich selbst immer wieder in Frage stellt. Die Sowjetunion hat verhindert, dass die Menschen sich öffnen und frei denken. Das kennen wir auf Zypern auch. 500 Jahre lang waren wir einer Herrschaft unterstellt: zunächst dem Osmanischen Reich und bis 1960 Großbritannien.

1974 wurde der Norden Zyperns von der Türkei militärisch besetzt, seither ist die Insel einschließlich ihrer Hauptstadt Nikosia geteilt. Nur der griechische Süden der Insel, aus dem Sie stammen, gehört zur EU. Wann haben Sie zuletzt den Norden Zyperns, der nur von der Türkei anerkannt ist, betreten?

Das ist einige Jahre her. Meine Familie besitzt viel Land und Eigentum im Norden der Insel, kann es aber seit der türkischen Besetzung nicht mehr nutzen. Das macht mich sehr traurig – und manchmal auch wütend. Wir leben in der Europäischen Union und hier gilt die Allgemeine Erklärung der Menschenrechte, wonach sich laut Artikel 13 jeder innerhalb eines Staates frei bewegen, seinen Aufenthalt frei wählen, das Land verlassen und auch wieder dorthin zurückkehren darf. Meine Familie darf das nicht. Die Grundstücke meiner Großeltern und Eltern wurden einfach bebaut und umgenutzt. Ohne Erlaubnis, geschweige denn einer Entschädigung. Meine Heimat ist ein Ort, an dem ich nicht aufwachsen durfte und bis heute nicht leben darf. Sie ist ein imaginärer Ort, der aber doch auf der Karte existiert. Wenn ich meine Augen schließe und in mich hineinfühle, weiß ich: Ich gehöre dorthin.

Viele Häuser entlang der griechisch-türkischen Grenze stehen leer. Die Bewohner wurden vertrieben, so auch Ihre Eltern. Wie hat deren Deportation vor knapp fünfzig Jahren Ihr Leben beeinflusst?

Sie fließt natürlich in meine Arbeit ein. Ich habe eine Sinfonie namens *Liberty* komponiert. Sie wurde vor zwei Jahren in Athen uraufgeführt, zum Jubiläum der 200-jährigen Unabhängigkeit Griechenlands und des Beginns der Revolution 1821. Das Libretto, das ich parallel zur Musik entwickelt habe, stammt unter anderem aus Texten von Dante Alighieri, Thukydides und Nikos Kazantzakis und nimmt Bezug auf das Bild *Die Freiheit führt das Volk* von Eugène Delacroix. Dementsprechend ist die Sinfonie ökumenisch zu betrachten – wie im Übrigen auch mein Oratorium *Weeping Madonnas*, das vergangenes Jahr am Gedenktag der türkischen Invasion Zyperns am Präsidentenpalast in Nikosia uraufgeführt wurde. Es befasst sich mit der Mutter-Kind-Beziehung und nimmt Anleihen aus der antiken Tragödie. Dabei wird der Schmerz der Mutter über das vermisste Kind zum universellen Symbol.

2017 war Paphos im Südwesten Zyperns Kulturhauptstadt Europas – und Sie als deren Direktor mit der Aufgabe betraut, die Identifikation der Bürger mit Europa zu stärken. Konnten Sie auch die Versöhnung zwischen den Inselgriechen und -türken ein Stück weit vorantreiben?
Mir liegt die Versöhnung wirklich sehr am Herzen und ich bin immer bereit, mich dafür zu engagieren. Auch kleine Bausteine können einen Beitrag für bessere Tage leisten. Aber auch wenn Musik, Kunst und Kultur die Kraft haben, Menschen zu bewegen und Brücken zu bauen – es ist kompliziert. Die Regierung der Türkei nimmt großen Einfluss auf Nordzypern. Die Menschen dort sind nicht frei. Wir im griechischen Teil bemühen uns zwar um eine Lösung mit den Bewohnern im Norden, aber es gibt einfach sehr viele politische Schwierigkeiten, die überwiegend außerhalb der Insel liegen. Trotzdem ist es wichtig, nicht aufzugeben. Oft reicht es aus, wenn eine Person oder auch eine Idee Hoffnung in kollektive Dynamik verwandelt. Das setzt den Status quo außer Kraft und bringt Bewegung in die richtige Richtung. Einer meiner nächsten Schritte ist, unsere beiden Glaubensrichtungen musikalisch zusammenzubringen. Es gibt viele Gemeinsamkeiten zwischen Christen und Muslimen, es ist wie beim Kaffee: Ich trinke griechischen Kaffee, ein Nordzyprer trinkt türkischen Kaffee. Aber der Geschmack ist der gleiche.

Sie sind Komponist. Welche Tonart stimmen Sie an für eine friedliche Welt?
Ich denke da an eine kosmische Schwingung. Der Saturn zum Beispiel vibriert wie eine Glocke,

in Grundtönen und ihren Reso-
nanzen, jedoch in Tonarten, die
man nicht wirklich begreifen kann.
Sphärenmusik. Sie ist so groß und
in perfekter Balance. Noch sind wir
Menschen nicht in der Lage, den
Klang des Friedens wahrzunehmen,
sonst würden wir uns nicht immer
wieder Krisen und Kriege leisten.

Es ist die kosmische Harmonie, die
alles zusammenhält. Wir könnten
sie fühlen in unserer inneren Welt,
befinden uns aber zu oft in Dishar-
monie mit uns selbst und unserem
Umfeld. Als Komponist wäre meine
Aufgabe klar: Ich löse die Dissonanz
harmonisch auf.

VERBINDEN
STATT
ENTFREMDEN

GEDULDSÜBUNG IN GROSSER GESTE: DIE EUROPÄISCHE UNION

Als ich letztens umgezogen bin, bestand eine der großen Herausforderungen darin, meine gut 2000 Bücher, die ich am alten Wohnort eingepackt hatte, am neuen Wohnort wieder auszupacken und in die Regale zu sortieren. Dabei flog mir aus meiner Kinderbuchabteilung *Die kleine Hexe* in die Hand, und ich begann zu lesen: von der smarten Protagonistin, die ihres jugendlichen Alters wegen (127 Jahre!) nicht zur Walpurgisnacht darf. Also bemüht sich die kleine Hexe, groß zu werden und ein Jahr lang gute Taten zu vollbringen. Sie hilft armen Menschen, bestraft Bösewichte, rettet Tiere und findet neue Freunde – um nach Ablauf ihrer Probezeit zu erfahren, was nach Auffassung des Hexenrats eine gute Hexe ausmacht: böse zu sein.

Otfried Preußler, der *Die kleine Hexe* erfand, ist der wohl bekannteste Geschichtenerzähler aus dem Böhmerwald, und er teilt das Schicksal vieler: Vor hundert Jahren als Deutschböhme in eine Glasmacherfamilie hineingeboren, zieht er als junger Wehrmachtssoldat in den Krieg und kehrt nach sowjetischer Gefangenschaft erst 1949 zurück. Nicht heim nach Böhmen, sondern in den bayerischen Chiemgau, von wo aus er sich fortan in Geschichten flüchtet, in denen er das Erlebte zu leuchtenden Erzählungen umformt. Ohne Wehmut und Wut, dafür so fantasievoll wie versöhnlich – und transparent genug, um die Wirklichkeit durchscheinen zu lassen.

Gut und böse. West und Ost. Frieden und Krieg. Wer legt eigentlich fest, welche Wertmaßstäbe gelten? Und lassen sich die Trennlinien verschieben? Oft stelle ich mir vor, wie ein Leben ohne Trennungen aussähe. Ein Leben in Verbundenheit, mit uns selbst und unserer Arbeit, mit der Natur, mit unseren Nachbarn, mit dem ganzen Planeten. Wir hätten mehr Zeit für die Muße, für gute Gespräche, grundlegende Gedanken und reale Begegnungen. Alles Utopie? Sind wir stattdessen Opfer äußerer Bedingungen und leben in einer Zeit, in der die Entfremdung unausweichlich und jeder sich selbst, nach Friedrich Nietzsche, der Fernste ist?

Unser entfremdetes Leben funktioniert nach klaren Regeln: Schnelligkeit und Effizienz, Wettbewerb und Wachstum. Aber tut das dem Menschen noch gut? Oder sind wir schon längst aus unserer Mitte gefallen? Wir leben ein Unverbundensein in der Verbundenheit. Was miteinander in Verbindung stehen sollte, hat sich voneinander entfernt. In der Biologie entstünden innovative Weiterentwicklungen nur dann, wenn sich etwas miteinander verbindet, sagt Gerald Hüther, einer der bekanntesten Hirnforscher Deutschlands. Und er sagt auch: „Begeisterung ist Dünger fürs Gehirn." Ich denke, uns fehlt es zu oft an Begeisterung. Für die schönen Dinge des Lebens wie Blumen, Kunst und Kultur, für ein Tortenstück Schwarzwälder Kirsch. Für die Ideen der Jugend. Für Europa.

Europa. Hier werden schon seit Jahrhunderten Maßstäbe gesetzt: Demokratie. Philosophie. Industrie. Soziale Gerechtigkeit. Kultur. Und Sport. Integration ist die treibende Kraft, die alle Völker Europas in Vielfalt und Stärke eint. 27 demokratische europäische Staaten mit über 440 Millionen Bürgern haben ein einzigartiges wirtschaftliches und politisches Bündnis geschlossen. Die Europäische Union ist einer der größten Wirtschaftsräume der Welt, in dem jeder die Möglichkeit hat, ohne Grenzen zu arbeiten, Handel zu treiben und zu reisen. Hier werden unsere Grundrechte geschützt. Die EU trug dazu bei, dass aus Diktaturen Demokratien wurden und Ost- und Westeuropa sich wieder vereinten.

Wir stehen vor großen Herausforderungen: Wie können wir den Klimawandel aufhalten, die Energieversorgung sichern, den technologischen Fortschritt vorantreiben und unsere Arbeitsplätze erhalten? Wie können wir eine offene Gesellschaft bleiben und uns gleichzeitig vor Krieg und Terrorismus schützen? Für Ausgewogenheit sorgen, was unsere persönliche Sicherheit und den Schutz persönlicher Daten angeht? Beim Thema Migration unsere Identität wahren, ohne die Menschenrechte zu beschneiden? Antworten darauf finden wir nur gemeinsam. In Genossenschaften. In Bündnissen. Sie beginnen exemplarisch, mit kleinen Schritten, und brauchen freilich einen langen Atem.

Hinsehen statt wegschauen. Das Herz öffnen, anstatt es zu verschließen. Sich aufeinander einlassen, anstatt uns zu verpassen. Rotwein statt Prosecco, nicht in Hochgeschwindigkeit für den flüchtigen Stehempfang produziert, sondern in guten Jahrgängen gedacht. Großzügigkeit, die man schmeckt. Bis hinein in die Zeitlosigkeit.

Nur wer sich vernetzt, entwickelt sich
weiter. Was die Hirnforschung besagt,
wird in der Dreiländerregion Deutschland–Österreich–Tschechien im Minu-
tentakt praktiziert – und damit der Weg
in eine gute Zukunft bereitet.

DIE WELT AUFMACHEN

In ihrem Wirtshaus lehnt Hannelore Hopfer schon mal
Gäste ab, obwohl sie noch Tische frei hätte. Weil der
Koch nicht schneller kochen kann. Das weibliche Prinzip
des Kümmerns ist ihr wichtiger als jedes Aufmandeln
und Präsentieren. Es geht um das richtige Maß. Und um
Urvertrauen – ohne zu wissen, was kommt.

2004 ist Hannelore Hopfer zum ersten Mal rübergefahren. Nach
Pommern im heutigen Polen, um zu verstehen und vielleicht letzte
Reste jener stolzen Kraft aufzuspüren, die ihre Familie über Ge-
nerationen trug. Damals, als sie noch regieren, der Groß-, Urgroß- und
Ururgroßvater, wie Könige über stille Wälder, Pferdewiesen, tiefdunkle
Seen und Getreidefelder von beeindruckender Dimension. Was Hanne-
lore stattdessen vorfand, hat sie erschüttert: Das einst so herrschaftliche
Gutsgebäude war schon in den fünfziger Jahren niedergebrannt, die neuen
Besitzer wohnten im Hühnerhaus, die Stallungen waren verfallen und der
Gesamtzustand des Anwesens so trostlos wie überhaupt das ganze Dorf,
in dem nur ein einziges Haus herausgeputzt war. Daneben erinnerte die
Kapelle samt Friedhof als geduldig Überlebende an eine einstmals bessere
Zeit, bevor der Zweite Weltkrieg die Macht der Gutsherren zermahlte und
Pommern zerbröselte.

Hannelore schweigt. Überlegt lange, bevor sie zögerlich Einblick in die
Geschichte einer Familie gewährt, die eine europäische ist. Die Geschichte
ihrer Familie. Eine Geschichte von Krieg, Vertreibung und Flucht – und
gleichzeitig eine Geschichte von Verständnis, Versöhnung, Neubeginn.

Man muss wissen: Hannelore ist eine professionelle Geschichtenerzäh-
lerin. Als Journalistin. Als Verlegerin. Als Wirtin. In ihren *Kapellenhof*

zwischen Ringelai und Perlesreut im Bayerischen Wald kommen die Menschen, um zu essen und zu trinken. Um sich auszutauschen oder auch mal nur heimlich zu lauschen, was am Nachbartisch gesprochen wird. „Mein Wirtshaus ist ein Ort der analogen Kommunikation", erklärt Hannelore und nimmt schon die nächste Reservierung entgegen. Am Handy, das alle paar Minuten vibriert. Sie befürwortet das Digitale und findet es praktisch, ihre abonnierten Tageszeitungen online lesen zu können – wenngleich sie manches Analoge geradezu schwärmerisch bewahrt. Weil nur Scheine und Münzen das Gefühl für den Wert einer Summe vermittelten, bezahlen *Kapellenhof*-Gäste ausschließlich bar. „Wie viele Schnitzel ich für einen Fünfziger bekomme, ist eine andere Erfahrung, als wenn ich einen Gegenstand für fünfzig Euro mit Apple Pay kaufe", ist die Gastronomin überzeugt.

Freilich: Es gibt sie, die virtuelle Katze, die digitale Servierhilfe, den Pflegeroboter. „Wenn Menschen aber nur noch Maschinen zur Verfügung haben, ist keine Energie mehr im Raum." Auf dem Land, da werde dem Analogen noch mehr Bedeutung beigemessen, sagt Hannelore. „Die großen Zu-

sammenhänge versteht man hier besser als in der Stadt." Man weiß, wie aus Hühnereiern Küken entstehen. Kennt Maronenröhrling und Habichtskauz. Schmeckt Kräuter aus der Milch und hat die Fallstricke veganer Ernährung begriffen. „Sie mag zwar gut fürs Weltklima sein, aber wer frisst unsere Wiesen, wenn es keine Kühe, Schafe und Ziegen mehr braucht?"

Hannelore hat schon lange genug von der Stadt. Von Wien, München, Stockholm und Paris, wo sie früher lebte, arbeitete, feierte, tief abtauchte in den Opernhäusern, Museen und Galerien und fast ertrank im Warenangebot gigantischer Kaufhäuser. Die Großstadt als quirliger Ort, der Hannelores unendliche Wissbegier stillte, ihr zu spannenden beruflichen Möglichkeiten und neuen Einsichten verhalf, vor allem aber zur Flucht aus ihrer Heimatstadt: Braunau am Inn.

Braunau. Ah ja. Hannelore lacht, weil die Nennung der Stadt ein ums andere Mal die gleichen Reaktionen auslöst. Wer im Schatten von Hitlers Geburtshaus aufgewachsen und, wie Hannelore, in dem geschichtenbelasteten Gebäude sogar zur Schule gegangen ist, wird entweder müde, Erklärungen dazu abzugeben – oder tut dies umso mehr. Sie findet bedauerlich, was der Name Adolf Hitler mit den Braunauern macht. Er nimmt ihnen das Selbstbewusstsein, zuweilen bis heute. „Man kann der Stadt nur wünschen, dass sie ihr Erbe überwindet und endlich erkennt, dass Zukunftsperspektiven vielversprechender sind als der ewige Blick in die Vergangenheit."

Es ist ein strahlend blauer Herbstnachmittag und Hannelore steht wie so oft am Ufer des Inns, im Garten hinter ihrem Elternhaus am Stadtplatz, nur wenige Meter von der Brücke entfernt, die Braunau mit Simbach verbindet, das Innviertel mit dem Rottal, Österreich mit Deutschland, Menschen mit Menschen. Auch der „Anschluss" Österreichs fand auf dieser Brücke statt. „Von hier ist Hitler einmarschiert und versprach den Leuten, was sie so dringend nötig hatten: groß zu werden." Hitler wollte dasselbe. Groß werden. „Er kam von Passau über Linz nach Wien, flog dort von der Akademie und war doch im Grunde ein Nichts."

Dass Hannelores Familie in Braunau landete, hat ebenfalls mit Hitler zu tun. Sein Krieg vertrieb ihre Mutter aus Pommern, über die Ostsee nach Schweden, woher der Großvater stammte. „1945 war meine Mutter neunzehn und gerade mit der Schule fertig. Sie begann eine Ausbildung zur Krankenschwester, was im südschwedischen Lund als ungeliebter deutscher Flüchtling mit politischem Makel sicher nicht einfach war." Ohne das Gut in Pommern jemals wiederzusehen – „sie wollte auch später nicht mehr dorthin, damit es in der Erinnerung schön blieb" –, verschlug es sie mit ihrem späteren Mann, Hannelores Vater, nach Braunau, in dessen Zentrum der Wiener Pharmazeut eine Apotheke übernahm.

Geboren neun Jahre nach dem Krieg und geprägt vom mütterlichen Trauma der Flucht, erinnert sich Hannelore dennoch an eine sehr schöne Kindheit: „Ich ging regelmäßig mit dem Opa spazieren und brachte altes Brot zu einem pensionierten Eisenbahner, der in seinem Schrebergarten ein Pony, einen Esel und Hühner hielt." Außerdem: In der städtischen Buchhandlung richtete der Großvater für Hannelore ein Konto ein und beglich jeweils am Monatsende die Rechnung. „Lesen war schon immer das Wichtigste für mich." Weil man mit jedem Buch die Perspektive wechselt, in andere Welten eindringt, noch neugieriger wird und plötzlich so vieles versteht – vom Mörder über das alleingelassene Kind bis zur leidenschaftlichen Liebhaberin. „Man durchliest Prozesse", bestätigt Hannelore, „und überschreitet dabei Grenzen."

Mit der Grenze ist sie von Kindheit an vertraut. Wenn Hannelore mit ihrer Großmutter zum Kleiderkaufen nach Simbach spazierte, bewachten österreichische und deutsche Zöllner die Brücke über dem Inn. „Es war jedes Mal ein kleines Abenteuer." Zumal sie, Oma und Enkelin, beim Rückweg stets zwei Pullover übereinander trugen, um die im Ausland neu erstandenen nicht verzollen zu müssen. „Die Grenze hat uns zum Bescheißen erzogen." Heute kann sie schmunzeln, wenn sie zurückdenkt an den Nervenkitzel, damals, beim Schmuggeln.

> **Es ist wunderbar, dass man lebt. Es gibt nichts Schöneres.**

Als die Liebe sie in den achtziger Jahren in den Bayerischen Wald verschlug, nahm Hannelore die Grenze quasi mit. Nur: „Der Eiserne Vorhang war noch viel krasser." Eigenartig. Gespenstisch. Und auch gefährlich. „Ich hatte das Gefühl, wenn ich hier einen Schritt zu weit gehe, wird auf mich geschossen." Freilich sei es wichtig, Grenzen zu setzen, um sich zu schützen. „Es ist aber ein Unterschied, ob ich ein Revier nur markiere oder es beißend verteidige." Nur wer Angst hat, beißt. Über den eigenen Horizont hinauszuschauen dagegen macht frei. Und die Enge, auf die wir dann zurückblicken, immer kleiner. „Wir bräuchten keine Uniformen", ist Hannelore überzeugt, „wenn wir nur die Welt aufmachten."

Ihre bewegte Familiengeschichte führte Hannelore den Unterschied zwischen dem selbstbewussten und stolzen Nationalismus in Schweden und dem menschlich und historisch so schwierigen in Österreich und Deutschland vor Augen. „Demonstrativen Nationalismus habe ich immer als Folge von Verletzungen wie verlorenen Kriegen oder von schwierigen nationalen Verhältnissen gesehen." Während die Schweden ihre Fahne als Ausdruck der Liebe zum eigenen Land wie selbstverständlich im Garten hissten, tun sich Deutsche und Österreicher damit schwer. „Der Umweg über Fußball und Skirennen scheint da oft die einzige Lösung."

Corona habe die Nationalismen wieder stärker gemacht, bedauert Hannelore. Und die Landesgrenzen zeitweilig zu. „Ich nahm das als extrem gefährlich wahr und fuhr absurderweise mit zwei Aktenordnern auf dem Beifahrersitz rum." Um nachweisen zu können, dass sie zwei Wohnsitze hat. Einen in Deutschland und einen in Österreich. Dass sie zwar österreichische Staatsbürgerin ist und auch ihr Sohn in Salzburg lebt, sie aber in Deutschland ein Wirtshaus und, zusammen mit einem Geschäftspartner, den kleinen Verlag *Lichtland* betreibt. „Die eigene Daseinsberechtigung war plötzlich wieder von einem Zöllner abhängig." Die ganze Macht des Staates in einem Menschen manifestiert.

Hannelore ist vom Garten ins Haus gegangen. Hinauf in den zweiten Stock, wo die Mutter wohnte und sich mit den Erinnerungen ihres brüchigen Lebens umgab, bis sie 2019 mit 92 Jahren verstarb. Hannelore hat nichts verändert seitdem. Das Wohnzimmer mit dem Ledersofa, das wie ein Pascha auf einem doppelgaragengroßen Perserteppich thront. Die kleine Küche mit all ihren Utensilien und Farben aus den späten Sechzigern. Das Biedermeierzimmer in seiner gediegenen Behaglichkeit. Museumsreif und trotzdem raumvoll mit Energie.

„Es ist wunderbar, dass man lebt. Es gibt nichts Schöneres." 1991, bei einem Unfall auf der Tauernautobahn, hätte Hannelore es beinahe verloren, das Leben. Seither fühlt sie sich frei. „Der Unfall hat die Sicht auf meine Probleme verschoben. Sie sind alle nichtig im großen Kontext." Hannelore versucht, stets im Hier und Heute zu sein, und ist trotzdem voller Visionen und Ziele. Zu wissen, wo man hinwill, sei eine Sache der Disziplin, sagt sie. „Man braucht ein Zeit- und Geldbudget, der Rest ist Knochenarbeit und das Offensein für Situationen, die auf einen zukommen."

Geschehen lassen. Mehr spüren statt verstehen. Am Totenbett ihrer Mutter habe sie einmal mehr zu vertrauen gelernt. „Und was kommt jetzt?", hatte die Sterbende kurz vor ihrem Dahinscheiden in die Runde der umstehenden Verwandten gefragt. Hannelore kannte keine Antwort darauf. Ihr Sohn Friedemann dagegen, gerade 22 damals, die einzig mögliche, so selbstverständliche: „Großmama, wir wissen es nicht."

BAUPOET MIT BETONKOPF

Werden alte Häuser aus einer Landschaft entfernt,
beraubt sich die Gesellschaft ihrer Vergangenheit.
Das macht Peter Haimerl wütend. Der Architekt pocht
darauf, traditionelle Baukultur in die Zukunft zu führen.
Größer und organischer zu denken. Und Europas
Metropolen miteinander zu vernetzen. Mit 400 km/h.

W as die alten Ägypter und heutige Architekten gemeinsam haben? Baupläne in 2D. „Das eingeschränkte, zweidimensionale
Denken aber auch", sagt Peter Haimerl – und eckt mit der
Behauptung innerhalb seiner Zunft schon mal ordentlich an. Sowohl die
Baukunst der ägyptischen Antike als auch die der europäischen Moderne
sei nicht auf schnelle Veränderung ausgelegt. Dabei müsse ein Stadtplan
ähnlich aufgebaut sein wie eine Wetterkarte, glaubt der Architekt. Hoch-
und Tiefdruckgebiete sichtbar machen. Die Windrichtung anzeigen. Die
Luftfeuchtigkeit bemessen und prognostizieren, wann es regnet oder die
Sonne scheint. Am liebsten würde Peter Computerprogramme entwickeln, die wie eine Wettervorhersage kurzfristig angepasste Prognosen
für die bauliche Entwicklung einer Stadt zu treffen vermögen. Ein flexi-
bles System, das neben einer Infrastruktur- und einer Planungsebene als
dritter Komponente dem Raum Platz schafft, ohne Fokussierung auf ein
konkretes Ziel. „Weil alles mit allem verbunden ist und schon die kleinste Veränderung einer Ebene Auswirkungen auf alle anderen hat." Dabei
entstehen Szenarien mit vielen Unbekannten. Und eine völlig neue Art zu
denken.

Peter denkt schon lange anders als die meisten seiner Berufskollegen. Geschichtsbezogen. Extravagant. Und kompromisslos, wofür er ebenso geliebt wird wie gehasst. Der Architekt mit Büro in München, Professur in Linz und Wurzeln im Bayerischen Wald ist ein Sturschädel, aber gleichzeitig wohltuend unkapriziös. Er trägt blauen Anorak statt schwarzen Rolli. Fährt Golf statt Porsche. Baut Visionen statt Mainstream. Das Konzerthaus in Blaibach zum Beispiel, das als steinerner Monolith in der Mitte des 2000-Einwohner-Dorfs am Rande der Oberpfalz steckt und aus gefaltetem Leichtbeton klassische Klangwunder gebiert. Das Wabenhaus in der Münchner Messestadt Riem, das aussieht wie ein zu groß geratener Bienenstock, in dem die Wohnräume sechseckig angelegt sind und künftige Bewohner ohne Wände, dafür in schrägen Schrägen leben. Oder das Haus am Schedlberg bei Arnbruck, tief im Bayerischen Wald. Den Verfall des Gebäudes hat Peter absichtlich sichtbar gemacht, anstatt ihn zu kaschieren, und um spannende Kontraste und moderne Materialien ergänzt. Flickwerk als architektonisches Statement.

Überhaupt: der Bayerische Wald. Für Peter eine hassgeliebte Gegend. „Ich bin dort aufgewachsen. Anarchisch und frei." Zwischen Bäumen. Zwischen Bauern. Und Handwerkern voller Stolz. Der sei den Bayerwäldlern mittlerweile abhandengekommen, beklagt Peter. „Hätte früher einer zu einem Zimmerer gesagt, er solle einen fetten Balkon ans Haus klatschen – der Handwerker hätte empört sein Werkzeug hingeworfen und wäre gegangen." Heute dagegen werde gekuscht. Der Bauherr sei König. Und, was die Architektur angeht, meist ahnungslos.

Peter nimmt kein Blatt vor den Mund, was den Leuten aus seinem Heimatlandstrich schon mal sauer aufstößt. „Die Wahrheit schmeckt nicht jedem", bestätigt er und holt aus zum nächsten Rundumschlag. „Die Kultur, die zu der ursprünglich hohen Qualität der Waldlerhäuser geführt hat, wurde einfach tot gemacht." Vernichtungsarbeit im besten Sinne, ausgeführt über die vergangenen Jahrzehnte, geahndet: nie. Um zu retten, was zu retten ist, hat Peter vor zwanzig Jahren die *Haus.Paten* initiiert – eine Interessengemeinschaft, die sich dem Erhalt historischer Baukultur im Bayerischen Wald verschrieben hat. „Gewachsenes soll sinnvoll und behutsam ins Heute überführt werden", erklärt Peter. Er hat Salat bestellt beim Italiener am Rosenheimer Platz in Haidhausen. Mit gegrillter Hühnerbrust, die, längst serviert, mittlerweile kalt sein dürfte von der rasanten Fahrt, in der er von seinem Herzensprojekt erzählt. Und von Cilli, seiner ersten großen Liebe.

Cilli ist ein Waldlerhaus in Viechtach und Peter nur wenige Hundert Meter davon entfernt aufgewachsen. Er kennt das Haus aus Kindertagen, als die

Namensgeberin Cilli noch darin wohnte. Die Bäuerin, die hart und immer arbeitete, zeitlebens am Rand ihrer Existenz. So ärmlich Cilli, so bescheiden ihr knapp 200-jähriges Haus: äußerlich gedrungen, voller Altersflecken, blinder Augen und Falten – innen dagegen wie ein Space Lab, seit Peter nach dem Tod der Bauersfrau das Gebäude und damit auch die Verantwortung übernahm. „Birg mich, Cilli!" wurde zum Arbeitstitel eines experimentellen Bauprojekts und letztlich zur Programmatik seiner beruflichen Laufbahn.

Gewachsenes soll sinnvoll und behutsam ins Heute überführt werden.

Peter goss die bröckelnde Hülle des Hauses mit dreißig Kubikmetern Beton aus, formte daraus Räume und rettete mit dem stärkenden Korsett Cillis Leben. Womit er nicht gerechnet hatte: „Birg mich, Cilli!" wanderte in die Redaktionen renommierter Zeitungen und Magazine, wurde mit öffentlichem Interesse bedacht und mit Preisen überhäuft und bestärkte den Bauherrn in seiner Idee, mit einer so kleinen wie lebenserhaltenden Maßnahme eine groß angelegte, regionaldynamische Rettungsaktion zu starten. Die Baukultur des Bayerischen Waldes schien in trockenen Tüchern und jedes altersschwache Haus fortan mit modernem technischem Einsatz in eine gute Zukunft überführt.

Wochenende für Wochenende stromerte Peter durch den Bayerischen Wald auf der Suche nach weiteren Cillis, wollte retten und renovieren – und fuhr mit seinem Enthusiasmus gegen die Wand. „Den Waldlern ist alles wurscht. Indem sie ihre Baukultur kaputt machen, kappen sie ihre eigenen Wurzeln und löschen ihre Vergangenheit aus." Ein Phänomen, das Peter erschüttert, zumal er es nicht nur in seiner niederbayerischen Heimat, im benachbarten Österreich und Tschechien, sondern weltweit beobachten kann. „Dabei existieren Orte doch 500 oder 1000 Jahre. Wieso sieht man nicht deren Besonderheit und Langlebigkeit?"

Schon während des Studiums in den Achtzigern hat Peter Überlegungen zur Architektur von morgen angestellt und 1990 mit zwei Kommilitonen das Projekt *zoomtown* erdacht, eine Zukunftsvision von einer besseren, menschlicheren Stadt im vernetzten Europa. „Die USA werden als Leitkultur zusammenbrechen und undemokratische Länder wie Russland oder China uns überrollen", orakelte Peter bereits vor dreißig Jahren – und wundert sich jetzt über die allgemeine Ratlosigkeit. Sein Gedankengebilde von damals geht so: Autos werden abgeschafft und durch „Floater" ersetzt, kleine elektrobetriebene Fahrzeuge mit einer Höchstgeschwindigkeit von 30 km/h. „Wenn wir über moderne Städte sprechen, sprechen wir über Mobilität." Peter erklärt, wie das Auto unsere Bewegung durch Räume dominiert. „Bei allen Vorteilen, die Autos bieten: Sie bewirken auch Zerstörung." Verstopfte Innenstädte. Klimaschädliche Abgase. Nervenzerreibende Staus.

Peter machte sich auf die Suche nach einer Alternative für das Auto, die Europa verknüpft und gleichzeitig ganz nahe an Wohnräume heranreicht. Seine Lösung: ein Schnellbahnsystem, das alle europäischen Metropolen miteinander verbindet und auch innerstädtisch eng getaktet ist. „Zoomliner" nennt er das solarbetriebene Vehikel, das mit 400 Stundenkilometern zwischen Berlin, Wien und Prag, London, Madrid und Antwerpen flitzt. „Wir müssen gesamteuropäisch denken", fordert Peter. In der größten Einheit, die sich noch beherrschen lässt. United Metropols of Europe.

> ## Wir müssen gesamteuropäisch denken.

„Durch die Kombination von Zoomlinern und Floatern ist die Benutzung von Flugzeugen, Straßenbahnen und Autos so gut wie nicht mehr nötig." Er zeichnet ein schwärmerisches Bild: Die Straßen gehören wieder den Menschen. Es wird Raum frei für Grünflächen und Bäume und Plätze, an denen man heiter zusammenkommt. Früher, sagt Peter, orientierte sich die Stadtplanung ausschließlich am Wachstumsprinzip. Mehr Fläche, mehr Energieverbrauch – und die Folge, dass die Kosten für den Unterhalt eines Stadtgebiets ins Unermessliche steigen. „Wir brauchen neue Denkmodelle und Planungstools, die diese Expansion nicht mehr forcieren."

Peter spießt die Gabel in die kalte Hühnerbrust. Unsere Zeit sei heiß, kaut er vor: „Wir leben an der Schwelle zu einer neuen Ära, die ein Update der Städte erfordert." Wachstum durch Zusammenschluss. Architektonisch, soziologisch, philosophisch und ethisch vertretbar und damit gut fürs Klima und für uns Menschen. Weil man groß denken und gleichzeitig die Zellenstruktur des kleinsten Elements sichtbar machen müsse, heißt *zoomtown zoomtown*. Hier kommt auch wieder das Waldlerhaus ins Spiel – und alles miteinander in Berührung. Die Metropolen mit den Städten mit den Dörfern mit den Weilern. Und mit Cilli, die genauso gut Resi oder Zenzl heißen kann und den baulichen Kulturschatz des Bayerwalds mit Cleverness und ein paar Stützen in die Zukunft transferiert.

Von manchen Politikern wird Peter als visionärer Spinner abgetan. Von den Besten seiner Branche wird er gefeiert. Die *AD*, das führende Magazin für Design, Architektur und Interior, zählt Peter zu den hundert kreativsten Gestaltern, „die gerade weltweit den Ton angeben und unsere Welt mit ihrer Arbeit prägen". Peter mit David Chipperfield, Bijoy Jain und Kengo Kuma auf einer Linie. In den Tempel der Top 100 aufgenommen zu sein, freut ihn und ist ihm gleichzeitig egal. Exaltiertheit liegt ihm nicht, da sei er eher „der ländliche Typ". Der Klarheit findet im baulichen Bestand und den Pragmatismus der Provinz in so simplen wie vielschichtigen Formen manifestiert. Cilli zeigt, wie's geht. Auch Peters zweites Haus im Bayerischen Wald, das sich wie ein schlafendes Wildtier an den Schedlberg schmiegt. Schwer aufzuspüren. Die Lage: allein. Peter hat es das „Haus für Denker" genannt.

So historisch wie modern, so schmucklos wie kraftvoll: Das „Haus für Denker" verbindet Wald und Wiese.

AUS DEN TIEFEN
DER SEELE

Der „King of Klezmer" Giora Feidman überwindet
Grenzen mit Musik. Wirbt damit für Freundschaft,
Gemeinschaft, Versöhnung – und wünscht sich mehr
Liebe für eine friedvolle Welt.

Lassen sich Menschen ebenso gut zusammenbringen wie Töne?

GIORA FEIDMAN Sofern die Menschen sich auf Kunst und Kultur einlassen, ja. Kunst ist die Sprache der Seele und damit das wichtigste Element unserer Zivilisation. Freilich sind Computer toll. Oder bestimmte Techniken wie jene, die uns zum Mond fliegen lässt. Aber erst die Kunst macht uns zu Menschen.

Sie sagen: „Jeder Mensch ist ein Klezmer." Wie ist das zu verstehen?
Unser ganzer Körper ist ein Instrument. Dabei geht es nicht darum, ihn über eine spezielle Technik zum Klingen zu bringen. Vielmehr geht es um unsere innere Stimme und wie sie sich in der Sprache der Musik ausdrückt. Unsere innere Stimme kommt tief aus der Seele. Schafft sie es nicht, sich ausdrücken, sind wir nicht wahrhaftig. In jedem Menschen steckt die Fähigkeit zu singen oder zu tanzen. Das ist eine natürliche Kraft. Ich zum Beispiel bin gar kein Klarinettist, sondern ein Sänger mit Klarinette. Sie ist das Mikrofon meiner Seele.

Woher nehmen Sie mit 87 Jahren die Energie, immer noch regelmäßig in ausverkauften Konzertsälen zu musizieren?
Gott schenkt uns ein physisches Leben und auch eine Aufgabe für dieses Leben. Uns in die Gesellschaft einzubringen und zu deren Wohl beizutragen, ist unser aller Job. Ich und du, jeder von uns ist Diener dieser Gesellschaft. Mir hat Gott die Aufgabe gegeben, die Tradition des Klezmers und seine damit verbundene Sicht auf das Leben in die Konzertsäle zu tragen. Das ist die Kraft, die mich jeden Tag von neuem antreibt.

Sie sind in Argentinien geboren, in Israel zu Hause und leben die meiste Zeit des Jahres in Deutschland. Welche Nationalität steht in Ihrem Pass – und welche in Ihrem Herzen?
Ich wohne auf unserem Planeten und meine Familie sind die Menschen dieser Welt. Mein Vater sagte mal zu mir: „Giora, wenn du ein Konzert gibst, dann betrachte alle deine Zuhörer als deine engste Familie." Mit diesen Gedanken im Kopf und diesem Gefühl im Herzen betrete ich die Bühne – Abend für Abend und ich weiß nicht wie viele Tausende Male schon in meinem Leben. In jedem Konzert spiele ich vor einer neuen Gruppe von Menschen und inmitten anderer Seelen. Insofern ist jedes Konzert mein erstes.

Sie kennen die Dreiländerregion Deutschland–Österreich–Tschechien gut, sind etliche Male im Rahmen der Festspiele Europäische Wochen Pas-

sau und im Brucknerhaus Linz aufgetreten. Was sind Ihre Erinnerungen an die Gegend?

Obwohl ich jedes Mal darauf aufmerksam gemacht wurde, dass ich mich in einer Grenzregion befinde, habe ich diese Grenzen nie gespürt. Vielleicht bin ich aber auch besonders gut darin, Grenzen zu ignorieren. Ich spiele heute in Tokyo, morgen in Paris, bereise viele Länder und passiere zahlreiche Grenzen. Aber ich spüre sie nicht. Das ist ein großes Glück.

Sie sind eine Instanz im deutschen Kulturleben. Ihr Kollege, der Geiger Isaac Stern, wollte dagegen nie wieder in Deutschland auftreten, weil ein Großteil seiner Familie von den Nazis ermordet worden war. Konnten Sie ihn verstehen?

Ich akzeptiere, wenn Menschen, die den Holocaust überlebt haben, die Musik von Richard Wagner oder Richard Strauss nicht hören mögen, halte das aber für falsch. Wir Menschen haben keinen Besitzanspruch auf die Musik. Sie gehört allein Gott. Wir sollten den Heilungsprozess zwischen Juden und Deutschen endlich abschließen und ihre lange Geschichte nicht auf die Nazizeit beschränken. Leider haben wir so viele schreckliche Kriege auf der Welt: in Afghanistan und Syrien, zwischen Israelis und Palästinensern und nun auch in der Ukraine. Wir sind aber

nicht hier auf dieser Welt, um Kriege zu führen. Ich lebe seit mehr als 65 Jahren in Israel. Und wenn ich mit Palästinensern musizieren möchte, dann mache ich das. Wir sind geboren, um in Frieden zusammenzuleben und nicht im Streit.

Gehen wir nach Prag: Von dort aus haben jüdische Künstler, Wissenschaftler und Intellektuelle über Jahrhunderte den Geist Europas geprägt. Obwohl nach dem Zweiten Weltkrieg, aber auch nach dem Zusammenbruch des sozialistischen Staatengebildes 1989 nur wenige an eine Wiederbelebung jüdischer Kultur in Tschechien glaubten, erlebt Prag gerade eine Renaissance des Judentums. Jüdische Besucher reisen wieder gerne in die Goldene Stadt. Was geben Sie den Pragern und ihren Gästen mit auf den Weg?

Ab 1948 wurden die Juden in Israel angesiedelt. Man stellte uns dieses Stück Land zur Verfügung, weil wir nach dem Zweiten Weltkrieg nicht viele Möglichkeiten hatten, in andere Länder auszuweichen. Jetzt kehren viele Juden wieder in ihre Ursprungsländer zurück, wogegen ja nichts einzuwenden ist, oder? Man darf jungen Menschen oder Kindern kein schlechtes Gewissen einreden. Keine Schuld und auch keinen Hass irgendjemandem gegenüber. Das wäre kriminell. Stattdessen stehen wir Erwachsenen in der Pflicht und sollten Lösungen für ein gutes Zu-

INTERVIEW

sammenleben finden, damit unsere Kinder ohne Vorurteile aufwachsen können – in Prag genauso wie überall sonst auf der Welt.

Wer ist heute, da es kaum mehr Zeitzeugen gibt, dafür verantwortlich, dass der Holocaust nicht in Vergessenheit gerät?
Damit so etwas Schreckliches wie der Holocaust nie wieder passiert, müssen wir den Rassismus verhindern. Er ist eine Krankheit, die eigentlich gar nicht existiert – genauso wenig wie der Antisemitismus. Warum sollten schwarze Menschen anders sein als weiße? Muslime anders als Juden oder Christen? Ich teile mir mit allen eine Bühne. Also, wo ist eigentlich das Problem? Das Leben ist doch so einfach.

Anlässlich Ihres 75. Bühnenjubiläums traten Sie 2022 eine Welttournee an. Mit welcher Botschaft im Gepäck?
Friendship.

So einfach?
Ja. „Friendship" ist meine Botschaft an die Welt – und so lautet auch der Titel meiner CD mit Musik von Majid Montazer aus dem letzten Jahr. Damit möchte ich die Botschaft von Frieden und Freundschaft um die ganze Welt tragen.

Für Ihr Engagement um Frieden, Versöhnung und Völkerverständigung in
Europa wurden Sie in der Vergangenheit vielfach geehrt, unter anderem mit dem Internationalen Brückepreis und dem Großen Bundesverdienstkreuz. Es gibt aber auch Menschen, die Ihnen verübeln, dass Sie als Jude in Deutschland auftreten – oder wie 2005 beim Weltjugendtag in Köln vor Papst Benedikt und 800 000 Christen. Was entgegnen Sie Ihren Kritikern?
Sie sind mir egal. Wir haben zwar alle unterschiedliche Religionen, aber nur einen Gott. Als Papst Benedikt mich einlud, in Köln zu spielen, habe ich ganz allein gespielt. In Trance. Musizieren ist für mich so natürlich wie atmen. Und die Zuhörer sind einzelne Seelen, deren Körper ich gar nicht sehe. Somit habe ich mich auch in Köln unter 800 000 Menschen sehr allein gefühlt. Allein mit Gott. Für mich war das ein heiliger Moment.

Was wird die Menschen in Europa zusammenhalten?
Die Musik und die Liebe. Nur sie sorgen für Frieden.

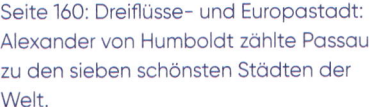

Seite 160: Dreiflüsse- und Europastadt: Alexander von Humboldt zählte Passau zu den sieben schönsten Städten der Welt.

GIORA FEIDMAN

VORDENKER DER EINHEIT: DIE FESTSPIELE EUROPÄISCHE WOCHEN PASSAU

Als größtes Kulturfestival in Ostbayern, Böhmen und Ober-österreich fördern die *Festspiele Europäische Wochen Passau* seit mehr als siebzig Jahren die Idee der europäischen Integration. Initiiert hatte das Festival mit vielseitigem künstlerischem, aber auch deutlich politischem Profil der amerikanische Kulturoffizier Robert Marvel Allen. Er wählte Passau wegen seiner „besonderen geografischen Lage an der tschechoslowakischen Grenze und der russischen Zone Österreichs" als zentralen Standort einer länderübergreifenden Festspielregion aus.

DAS GEDÄCHTNIS DES GRENZLANDS

Lenka Ovčáčková weiß, dass nichts getrennt voneinander funktioniert. Der Körper nicht ohne Geist, Prag nicht ohne Kultur, der Mensch nicht ohne Landschaft. Mittels ganzheitlicher Methoden sucht die Filmemacherin nach Antworten auf die Frage, wie alles gut werden kann – und findet Geschichten, die helfen, zu heilen.

Alles begann mit Martha, dem deutschen Mädchen. Es war nach dem Krieg aus einem Prager Internierungslager gerettet und in einem nahe gelegenen Kinderheim untergebracht worden. Was mit den Eltern passiert war, wusste keiner. Martha lernte Tschechisch, schnell und gut, und lebte sich ein in der neuen Umgebung, die fortan ihre Heimat war. Bis man acht Jahre später Marthas Eltern fand, mental stabil und unversehrt, sofern der Schein nicht trog. Sie holten die Tochter zu sich nach Deutschland, woraufhin sich Marthas Spur verlor – wenigstens für die folgenden fünfzig Jahre.

Lenka Ovčáčková hat den Grüntee zum zweiten Mal aufgebrüht. Sie lässt ihn diesmal länger ziehen, exakt dreieinhalb Minuten. „Bei jedem Aufguss entsteht ein neuer Charakter", erklärt sie. Selber Tee, andere Voraussetzungen, neues Ergebnis. Lenkas Blick wandert hinaus durch die doppelflügeligen Fenster ihrer mit Bildern und Büchern reich ausgestatteten Altbauwohnung. Sie lebt im Jugendstilviertel von Prag, in Vinohrady, wo sich Gründerzeitvillen und pastellfarbene Art-déco-Häuser um die grüne Lunge des Stadtteils, den Riegrovy Sady, schmiegen, jenen malerischen Park auf den Flächen einstiger Weinberge, der versteckte Ecken in gemütlichen

Waldstücken, große Wiesen und grandiose Ausblicke auf die Prager Altstadt gleichermaßen bietet. Ein Ort wie ein Filmset, mit Lenka als Regisseurin mittendrin.

Lenka ist Filmemacherin. Nicht im Hauptberuf, aber mit Herzblut. Sie erzählt die Geschichten von Vertriebenen in und nach dem Krieg. Von Heimatlosigkeit. Von Grenzerfahrungen. Schmerz. Und von Versöhnung. Das Feuer für die Filmarbeit hat der Regisseur Tomáš Škrdlant in Lenka entfacht, damals, vor gut zwanzig Jahren, als sie, die Doktoratsstudentin, ihm für seine Produktion *Liebet Eure Feinde* als Dolmetscherin assistierte, Interviews auf Deutsch führte – und dabei den Kontakt zu Martha

herstellte, deren Geschichte Lenka bis heute berührt. „Sie hatte bis dato die Nachkriegszeit im Kinderheim verdrängt. Aber als wir dann davorstanden und die Erinnerungen aus Martha herausbrachen, packte mich das emotional sehr."

Getriggert von diesen Gefühlen, machte Lenka mit dem Filmen weiter. Wollte hinschauen. Zuhören. Und, vor allem, verstehen. Ihre Dokus spielen nahe an den Menschen. Greifen ihre Erfahrungen auf, die guten wie die schlechten, und ermuntern die Protagonisten, ihre Erlebnisse auszusprechen, häufig zum ersten Mal. „Man muss dann sehr vorsichtig sein und sanft mit seinem Gegenüber umgehen", weiß Lenka. Es gehe ja um große Emotionen – und um die Erkenntnis, dass sich zwar die Menschen, nicht aber ihre Erinnerungen unterscheiden. Und dass der Krieg selbst nach Jahrzehnten noch tief in den verletzten Seelen steckt.

Waren für ihre erste Filmdokumentation mit Kriegsvertriebenengeschichten aus der sächsisch-böhmischen Schweiz noch Kameramann, Tonmeister und Cutter im Einsatz, drehte Lenka die Folgeproduktion bereits selbst. „Jetzt erst entstand die richtige Nähe zu den Interviewten. Vorher waren zu viele Leute am Set." Für ihren dritten Film reduzierte sie das Personal einmal mehr, schnitt ihn eigenhändig bis zum Final Cut – und blieb bis heute bei dieser Methode. Unabhängig. Independent. Auch weil Lenka es nur schwer ertragen kann, sich mit Kollegen, deren Perspektiven, anderen Herangehensweisen und Erwartungen auseinanderzusetzen. „Ich bin eine absolute Einzelgängerin", stellt sie klar.

Dass Lenka heute steht, wo sie steht, mag glückliche Fügung sein. Oder aber die Belohnung für Ausdauer, Fleiß und Disziplin. „Jeder Weg ist mit harter Arbeit verbunden." Und die Möglichkeit, überhaupt einen Weg zu gehen, im Grunde entscheidend. Aufgewachsen in den Weißen Karpaten an der Nahtstelle Mährens zur Slowakei und nur wenige Katzensprünge von Österreich entfernt, stieß Lenka bereits als Kind an Grenzen. „Ich versuchte sehr früh, sie mir zu erklären." Was bedeutet das: eine Grenze? Was wird da getrennt? Und was könnte entstehen, wenn die Trennung aufgehoben wird? „Jeder Grenzraum der Welt trägt das Stigma des Leidens in sich", ist Lenka überzeugt. Aber auch die Chance auf Versöhnung, Freundschaft und Entwicklung.

Schon während ihres Studiums der Umweltwissenschaften, das einen generalistischen Bogen über die Biologie, die Botanik, Zoologie, Philosophie und Ethik spannt, versuchte sie, das „Phänomen Grenze" zu ergründen. Beobachtete Grenzgebiete. Zog Vergleiche. Und begann, sich an beiden Seiten

zu bereichern. „Man kann ja nicht sagen, hier ist es besser und dort schlech-
ter. Beide Seiten haben etwas Besonderes an sich. Auf der einen mag das eine
gut gelingen, auf der anderen das andere." Und umgekehrt. „Wir müssen
immer zwei Sichtweisen auf die Waage stellen", empfiehlt sie. In dynamischen Polaritäten denken. Und in Analogien.

Wie spiegelt sich der Makrokosmos im Mikro-
kosmos wider? Wann wird Abstraktes real? Finden
wir bessere Lösungen für die Herausforderungen von
morgen oder bleiben wir bei althergebrachten Methoden, weil der Mensch aus der Geschichte bekanntlich
nichts lernt? Mit Fragen wie diesen beschäftigt sich
Lenkas Forschungsarbeit als Wissenschaftshistorike-
rin an der Karls-Universität Prag. Als Befürworterin
wie Praktizierende des ganzheitlichen Denkens ist es
ihr wichtig, Erkenntnisse aus ihrem Beruf mit ihrer
Berufung als Filmemacherin zu verknüpfen.

**Jeder Grenz-
raum der
Welt trägt das
Stigma des
Leidens in sich.**

Zum Beispiel die aristokratische Naturwissenschaft um die Wende ins
19. Jahrhundert. „Viele Prager Adelige waren eng mit Wien und deutschen
Städten wie München oder Regensburg verbunden", weiß Lenka. Der
habsburgisch-böhmische Theologe und Botaniker Graf Kaspar Maria von
Sternberg etwa, der 1802 an die Spitze der politischen Verwaltung im neuen
Fürstentum Regensburg berufen wurde. Oder Graf Georg Franz August
von Buquoy, jener angesehene Mathematiker, Philosoph und Unternehmer,
der mit dem Sophien-Urwald im Süden Böhmens nicht nur Europas erstes
Naturschutzgebiet begründete, sondern überdies das schwarze Hyalithglas
entdeckte und naturphilosophische Werke wie 1817 die *Skizzen zu einem
Gesetzbuche der Natur* verfasste. Ein in vielen Disziplinen beheimateter
Gelehrter, dessen Botschaften Lenka nicht grundlos in ihren jüngsten Film
über das Gratzener Bergland im tschechisch-österreichischen Städtedreieck
Budweis–Freistadt–Gmünd einfließen ließ. „Ich wollte damit die wissen-
schaftshistorische Herangehensweise, aber auch den ganzheitlichen Zugang
in meinen Projekten vor Augen führen."

Würden wir die Welt wieder in größeren Zusammenhängen begreifen,
kämen Toleranz und Weitsicht von allein, glaubt Lenka. Bestes Beispiel
hierfür sei Prag. „Bis ins 20. Jahrhundert hinein haben Tschechen, Deutsche und Juden hier harmonisch zusammengelebt." Allein die Aktivitäten
des „Prager Kreises" zeugten davon. Der Gruppe deutschsprachiger und
größtenteils jüdischer Schriftsteller um Franz Kafka, Max Brod und Felix

Weltsch war deutschnationaler Dünkel fremd. Vielmehr beherrschten sie auch die tschechische Sprache und standen in regem Austausch mit tschechischen Literaten, Musikern und Malern. „Weil sie in diesem Milieu leben und ihre Denkweisen miteinander vernetzen konnten, waren sie so produktiv", ist Lenka überzeugt. Und sie formten Prag zur kulturellen und geistigen Hauptstadt Europas.

In ihren Filmen möchte Lenka Gedanken vermitteln, die zeitlos sind. Räume für Emotionen schaffen. Und Themen aus tschechischer, österreichischer und deutscher Perspektive durch die Brille verschiedener Generationen spiegeln. „Dazu muss ich tief eintauchen in die Gebiete, aus denen der Krieg einst die Menschen vertrieb." In Lažiště, einem 300-Seelen-Dorf zwischen Prachatice und Vimperk, hat sie mit ihrer Familie vor einigen Jahren ein inspirierendes Refugium gefunden. Mit uralten meterdicken Wänden und verwunschenem Garten, den der Vorbesitzer, ein tschechischer Diplomat, mit landestypischen Bäumen und Sträuchern aus seinen jeweiligen Einsatzgebieten bestückte. „So entstand eine gepflanzte Landkarte mit Vertretern aus aller Welt."

Lenka ist viel im Böhmerwald unterwegs. Mit Elmar, ihrem österreichischen Mann, und der gemeinsamen Tochter Agnes Sophia, noch öfter aber ohne Begleitung. „Für mich ist es essenziell, allein durch die Landschaft zu gehen." Ihre Energie zu spüren. Die Sanftheit ihrer Form, aber auch ihre Härte, den Nebel, den Schnee. Der Böhmerwald berge eine besondere Stimmung, die wohl mit dem Urgestein zusammenhängt, vermutet Lenka. Und mit den Menschen. Sie trügen eine natürliche Weisheit in sich, die aus einem einfachen Halbsatz ein ganzes Universum sprechen lasse.

Gerade hat Lenka ein neues Filmprojekt im Böhmerwald begonnen. Die Stimmung steht, das Drehbuch nicht. „Ich arbeite immer ohne vorgefasste Konzepte und lasse mich stattdessen von den Menschen vor Ort inspirieren." Einmal mehr wird die Grenze die Hauptrolle spielen – in einer Landschaft, die schon so viel Schmerz erlitt. Wird sie jemals heilen? „Ja", glaubt Lenka, „aber sie trägt eine tiefe Erinnerung in sich." Vergessen könne das Grenzland nicht. Aber harmonisieren, wann immer man sich mit offenem Geist darauf einlässt.

Blick über das Lusen-Tal auf die Einöde Pürstling (Březník). Das ehemalige Forsthaus der Fürsten Schwarzenberg ist heute Informationsstelle des Nationalparks Šumava mit Dauerausstellung zu Leben und Werk des Böhmerwald-Schriftstellers Karl Klostermann.

PŘEMYSL PITTER:
EIN LEBEN FÜR KINDER

„Baut man mit Eisen, rostet das Metall. Baut man mit Holz, wird dieses morsch, sogar Marmor bekommt Risse. Aber unser Material, die Kinderseele, ist für die Ewigkeit." Der Prager Pädagoge, Humanist und Pazifist Přemysl Pitter (1895–1976) hat sein Leben der Unterstützung von Kindern gewidmet – ganz gleich, welcher Herkunft. Jedes Kind, so seine Überzeugung, habe ein Recht auf menschenwürdige Behandlung und Bildung.

Pitters Sorge nach Ende des Zweiten Weltkriegs galt den wenigen holocaustüberlebenden jüdischen Kindern. Um ihnen zu helfen, funktionierte er vier Schlösser nahe Prag in Heime um. Dort konnten sich insgesamt 200 jüdische, aber auch 600 nicht jüdische Kinder aus Internierungslagern wie die im vorangegangenen Text erwähnte Martha zwei Jahre lang unter seiner Obhut erholen.

Mit der Machtergreifung der Kommunisten begann für Pitter, den viele seiner Landsleute als „Deutschfreund" brandmarkten, eine schwierige Zeit. Er floh 1951 in den Westen und ging 1968 in die Schweiz. Im Film *Milujte své nepřátele* (dt. *Liebet Eure Feinde*) würdigen Tomáš Škrdlant und Lenka Ovčáčková das Engagement Přemysl Pitters, der bis zur Samtenen Revolution in seiner Heimat weitgehend unbekannt war.

SCHATZHALTER
DER NATUR

Als Geschäftsführer der Zoologischen Gesellschaft
Frankfurt engagiert sich Christof Schenck weltweit
für den Schutz von Pflanzen und Tieren. Für Europa
wünscht sich der Biologe mehr Wildnis, uns Menschen
dafür Verständnis – und Rotkäppchen ein neues
Märchen, das die Angst vor Wölfen tilgt.

*D*er Arbeitsschwerpunkt der Zoologischen Gesellschaft Frankfurt liegt traditionell in Afrika. In der Serengeti sind Sie seit über sechzig Jahren im Einsatz. Welche Projekte verfolgen Sie in Europa?

CHRISTOF SCHENCK Hier sind wir überwiegend in den osteuropäischen Ländern aktiv, weil es da noch sehr ursprüngliche Landschaften gibt. Wir kümmern uns um die alten Wälder in den rumänischen und ukrainischen Karpaten, um das bedeutendste Feuchtgebiet Europas, die Polesie in der Ukraine – und wir halten den Białowieża-Nationalpark, der auf beiden Seiten der Grenze zwischen Polen und Belarus liegt, für herausragend wichtig.

Die Zoologische Gesellschaft ist in der Ukraine in dreizehn Nationalparks engagiert. Inwieweit beeinträchtigt der Krieg Ihre Arbeit?

Dieser Krieg ist unendlich tragisch und katastrophal. In den ersten Monaten haben wir hauptsächlich Nothilfe für Zehntausende Flüchtlinge geleistet – Menschen, die die bombardierten Städte verlassen hatten und Zuflucht in den Nationalparks suchten. Einige unserer Mitarbeiterinnen befinden sich inzwischen im Ausland, auch in Deutschland. In den abgelegenen Regionen der Karpaten im Westen des Landes laufen tatsächlich Naturschutzarbeiten weiter. Das ist auch sehr wichtig, damit es wenigstens etwas Normalität in diesen so unendlich traurigen Zeiten gibt. International wird alles viel schwieriger. Es gibt weniger Geld für den so wichtigen Natur- und Klimaschutz, in Afrika droht Hunger, fossile Energieträger sind wieder auf dem Vormarsch. In der Ukraine müssen wir schon heute an die Nachkriegszeit denken, denn dann werden die wertvollen Wälder einem hohen Risiko ausgesetzt sein. Bauholz und Geld werden benötigt und Mittel für den Naturschutz wird es kaum geben.

Jedes Land hat eigene Ideen und Programme zum Schutz der Natur und zum Erhalt der Biodiversität. Wie lassen sich nicht nur Konzepte, sondern vor allem Lebensräume und Biotope über Ländergrenzen hinweg vernetzen?

Dafür gibt es in Europa *Natura 2000* – und das ist absolut genial. Nirgendwo sonst haben vor über dreißig Jahren so viele Länder zusammen beschlossen: „Hey, wir machen ein gemeinsames Naturschutzkonzept." Leider stehen Ländergrenzen dem Naturschutz wieder mehr denn je im Weg: An der polnisch-belarussischen Grenze wurde mitten durch den Białowieża-Nationalpark ein Zaun gezogen, um Flüchtlingen den Übertritt nach Polen zu verwehren. Von der menschlichen Tragödie einmal abgesehen, haben auch Tiere keine Möglichkeit mehr, hin und her zu wechseln. Für Luchse oder Wölfe mit großem Platzbedarf ist dann Ende Gelände.

Welche Rolle für den Natur- und Artenschutz spielen neben den Staatsgrenzen andere künstliche Durchtrennungen der Landschaft wie kanalisierte Flüsse oder Autobahnen? Na ja, gerade Deutschland ist ja Weltmeister im Straßenbau. Wir zählen 13 000 Kilometer Autobahnen und 600 000 Kilometer Straßen. Die nehmen natürlich massiv Einfluss: Sechzehn Millionen Vögel und drei Millionen Säugetiere fallen hierzulande dem Straßenverkehr zum Opfer. Pro Jahr! Innerhalb der EU sind es 200 Millionen Vögel und dreißig Millionen Säugetiere. Unfassbar! Obendrein isoliert die Zerschneidung von Landschaften Populationen: Tiere meiden die Überquerung der Straßen und bleiben lieber auf ihrer sicheren Insel – was aber wieder ihre Genetik und Überlebenswahrscheinlichkeit beeinflusst. Je kleiner die Insel, desto weniger Arten können dort zusammenleben. Bei Flüssen ist es noch krasser, weil es kaum noch natürlich fließende gibt. Mit jeder Veränderung eines Flusslaufs ändert sich auch die Fließgeschwindigkeit, Sedimentierung und Mäandrierung – und damit eine ganze Reihe an Kleinlebensräumen. Von

den negativen Auswirkungen auf uns Menschen durch diverse Hochwasser ganz zu schweigen. Künftig müssen wir noch viel mehr in Räumen denken und mit der Natur anstatt gegen sie arbeiten.

So wie im Bayerischen und Böhmerwald: Die beiden aneinandergrenzenden Nationalparks Bayerischer Wald auf deutscher und Šumava auf tschechischer Seite präsentieren das größte zusammenhängende Waldschutzgebiet Mitteleuropas. Welchen Einfluss nehmen solche Großschutzgebiete auf die Umweltpolitik in Europa? Sie sollten eine viel größere Rolle spielen. Biodiversität, also die Vielfalt von Arten, Genen und Ökosystemen, hat immer einen Bezug zur Fläche. Hier gilt: je größer, desto besser. Dann können Einflüsse wie Überschwemmungen oder Trockenheit leichter abgepuffert werden. Auf großer Fläche werden nur Teile eines Ökosystems geschädigt, während sich andere Teile schnell regenerieren. In Afrika ist man da schon weiter. Dort gibt es das Konzept der „Transfrontier Conservation Areas". Es demonstriert beispielhaft, dass ein grenzübergreifendes Schutzgebiet nicht nur Natur und Kultur bewahrt, sondern auch Frieden stiftet. Während der Austausch zwischen benachbarten Staaten auf politischer Ebene oft schwierig scheint, gelingt er im Naturschutz sehr gut. Die Nationalparks Bayerischer Wald und Šumava liefern hier das beste Beispiel: Die beiden Verwaltungen tauschen sich aus, konzipieren grenzübergreifende Wegeführungen und gemeinsame Monitorings und lernen voneinander. Im Denken in großen Zusammenhängen sind die beiden Parks Vorreiter – der Bayerische Wald sowieso, was internationale Kriterien angeht. Er hat den Goldstandard des Naturschutzes erreicht!

Anfang 2009 verabschiedete das EU-Parlament eine Resolution, der zufolge deutlich mehr Wildnisgebiete in Europa zum Erhalt der Biodiversität ausgewiesen werden sollten. Auf der Prager Konferenz im Mai 2009 wurden Strategien dazu festgelegt. Wenn Sie die Entwicklung seither betrachten: Ist die Wildnis in Europa auf einem guten Weg?

Bei der Prager Konferenz, bei der ich selbst anwesend war, stand erstmals das Thema Wildnis ganz oben auf der Agenda – für Europa quasi eine Sensation, denn durch unsere lange Besiedelungsgeschichte und die intensive Landnutzung war hier kaum mehr Wildnis übrig. Stattdessen war unser Naturschutz sehr artenspezifisch und hatte sich auf Kulturlandschaften und ihr Management konzentriert. Dass wir aber auch eine „Natur ohne uns für uns" brau-

chen, wie der Biologe und Träger des Right Livelihood Awards Michael Succow es mal formulierte, kam auf Europas politischer Ebene erst sehr viel später als im Rest der Welt an – weswegen die Prager Konferenz durchaus ein Augenöffner war. Und dennoch sind wir weit von unserem Ziel entfernt: Zehn Prozent Wildnis wollten wir schaffen, vermutet aber werden zwischen einem und vier Prozent. Nicht einmal genaue Zahlen liegen vor, obwohl wir ansonsten alles überwachen und messen können.

Wann spricht man von echter Wildnis – und mit Hilfe welcher Maßnahmen ließe sich eine noch höhere Akzeptanz für Wildnisgebiete in den dicht besiedelten Teilen Europas schaffen?

Tatsächlich gibt es keine ganz scharfe Definition von Wildnis. Ich finde die gängige englische gut: The Will of the Land. Es geht also um den Willen der Landschaft und nicht um den Willen einer einzigen Art, nämlich des Homo sapiens. Sobald wir aufhören, Landschaften maßgeblich zu gestalten, ist es für mich Wildnis – was wiederum nicht heißt, dass da nie ein Mensch reindarf. Es kann auch neue Wildnisgebiete geben, in denen man der Natur ihren Lauf lässt, zum Beispiel auf ehemaligen Truppenübungsplätzen. Um Wildnis zu akzeptieren, muss man sie mit Kopf und Herz verstehen. Muss begreifen, warum wir Wildnis brauchen – nämlich auch, um uns selbst wieder einzuorden in diesem System Erde.

„Rewilding Europe", also die Umgestaltung von Landschaften in einigen Regionen Europas hin zu mehr Wildnis, klingt nach einem sehr dynamischen Konzept. Wie unterscheidet es sich vom klassischen Naturschutz?
Es unterscheidet sich nicht nur vom klassischen Naturschutz, sondern zum Teil auch vom Wildnis-Ansatz. Mir gefällt grundsätzlich der Begriff „Rewilding": Man lässt Wildnis zurückkommen. Im Gegensatz zum breiten Wildnis-Denken legt das Rewilding-Konzept allerdings den Schwerpunkt auf große Pflanzenfresser. Ihnen gibt man freie Räume in der Natur und lässt sie auch dort sterben, was wir ja gar nicht mehr gewohnt sind heutzutage. Dieses Laufenlassen macht das Rewilding-Konzept als Experiment interessant. Indem man sich an historischen Lebensräumen orientiert, geht das Konzept aber klar in Richtung Vergangenheit und nicht so sehr in Richtung Zukunft. Wir bei der ZGF denken da anders, lassen den Ist-Zustand weiterlaufen. Auf Truppenübungsplätzen beispielsweise bringen wir keine Wisente aus – und schon gar keine rückgezüchteten Rassen wie das Tarpan-Pferd oder das Konik-Pony, genetische Mischungen von Arten, die es gar nicht mehr gibt bei uns, weil wir sie leider ausgerottet haben.

Im Märchen vom Rotkäppchen steht das Wilde unter keinem guten Stern: Der Wolf frisst im Wald zuerst Rotkäppchens Großmutter und anschließend das Mädchen selbst. Sollten wir unseren Kindern solche Geschichten von bösen Wildtieren überhaupt noch erzählen?
Ich würde sie weitererzählen, schließlich sind diese Märchen Teil unserer Kultur und Geschichte. Aber ich würde sie nicht singulär erzählen, sondern mit dem Kind danach über den Kontext sprechen. Das Rotkäppchen-Märchen verrät doch auch, wie der Blick auf unsere Welt zu seiner Entstehungszeit war: Damals gab es kleine Rodungsinseln in wilden, dunklen Wäldern. Heute ist das Gegenteil der Fall: Es gibt nur noch winzige Inseln mit ungebändigter Natur. Das müsste man unbedingt miterzählen. Vielleicht wären aber auch Anschlussmärchen mit anderen Narrativen eine gute Idee.

Lange Zeit hätte Rotkäppchen keinen Wolf in Europas Wäldern getroffen. In einigen Regionen kehrt er mittlerweile wieder zurück. Nun sehnen wir Menschen uns einerseits nach mehr Wildnis, andererseits macht sie uns Angst …

In großen Kapiteln unserer Menschheitsgeschichte war das Wilde eine Bedrohung. Das steckt wohl immer noch in uns. Wir haben sehr viel mehr vom Neandertaler in uns, als wir denken. Das fängt bei der Territorialität eines Parkplatzes an, geht über die Individualdistanz bis zur Angst vor dem Wolf. Rational ist das überhaupt nicht erklärbar, es steckt in unserem Unterbewusstsein. Man muss die Ängste ernst nehmen, aber auch mit Daten und Fakten dagegenhalten.

Neue Wildnis entsteht oft auf aufgelassenen landwirtschaftlichen Flächen. Nun fordert aber auch die Energiewende große Areale ein, etwa zum Bau von Fotovoltaikanlagen. Treten die Erneuerbaren Energien in Konkurrenz zur Ausbreitung der Wildnis?

Es gibt tatsächlich einen starken Wettbewerb um Flächennutzung zwischen Naturschutz, Landwirtschaft, Forstwirtschaft, Besiedelung und Energie. Im dicht besiedelten Mitteleuropa entstehen da selbstverständlich Konflikte. Was Wildnisgebiete wie Auenwälder und Moore angeht, so sind sie nicht unbedingt attraktiv für die Windkraft. Freilich könnte man dort Fotovoltaikanlagen errichten – aber viel entscheidender ist doch, dass man alles zusammen denkt. Windenergie und Naturschutz, miteinander

statt gegeneinander. Denn wenn ich die Klimakrise gegen die Biodiversitätskrise ausspiele, führt das zu nichts – außer unweigerlich in die Katastrophe.

Die Dreiländerregion Deutschland–Österreich–Tschechien ist ein ländlich geprägter Raum, aus dem die kleinteilige Landwirtschaft mehr und mehr verschwindet. Stattdessen werden Flächen zusammengelegt, auf denen Mais zur Energiegewinnung in Biogasanlagen angebaut wird. Nun bilden Mais-Monokulturen für Insekten, Vögel und andere Tiere einen ökologisch nahezu toten Lebensraum – und trotzdem wird der Bau von Biogasanlagen großzügig gefördert, auch mit Mitteln der EU. Wie lässt sich die Landwirtschaft der Zukunft artenfreundlicher in die natürlichen ökologischen Systeme einbinden?

Hier sind wir in die völlig falsche Richtung gelaufen. Wir haben eine Agrarindustrie geschaffen, die zwar die Produktpreise gesenkt hat, die Gemeinkosten jedoch enorm ansteigen ließ. Die zahle ich nicht als einzelner Verbraucher, sondern als Gesellschaft in den nächsten Generationen. Wir bürden unseren Nachfolgern eine Rechnung auf, für die sie nicht verantwortlich sind und deren Vorteil sie gar nicht nutzen konnten. Das ist sehr unfair. Während wir, gemessen an unserem Einkommen, immer weniger für Lebensmittel ausgeben, sind die Kosten der Allgemeinheit durch Pestizide, Fungizide, Düngemittel, Erosion und viel zu hohen Stickstoff- und Phosphoreintrag gigantisch gestiegen. Das manifestiert sich in einem ungeheuren Artensterben, vor allem bei den Insekten. Hier verzeichnen wir einen unvorstellbaren Biomasserückgang um siebzig Prozent. Insofern: Wir müssen dringend weg von den schädlichen Agrarsubventionen, die – nebenbei bemerkt – zu einem gewaltigen Hofsterben geführt haben. Der nächste Schritt, der kommen muss, ist die Internalisierung der externen Kosten: Die Kosten, die auf dem Gemeinwohl liegen, müssen in die Produktpreise integriert werden. Bestimmte Lebensmittel wie Rindfleisch werden dann natürlich teurer, aber organisch angebaute lokale Produkte werden über den Preis auch konkurrenzfähiger. Das wird der Weg in die Zukunft sein, im Zuge dessen wir zu anderen Agrarsystemen kommen werden, die sorgfältiger mit den Böden umgehen, integrativer arbeiten, nachhaltiger und nicht so exportorientiert sind. Wenn man bedenkt, dass wir Soja aus ehemaligen brasilianischen Regenwaldgebieten importieren, um damit unsere Schweine zu füttern, die wir dann wiederum nach China exportieren,

dann entbehrt das jeder Logik und ist ein klares Marktversagen. Hier sollten wir schleunigst – und auch als europäischer Vorreiter – einen besseren Weg einschlagen.

Weltweit findet ein Artensterben ungeheuren Ausmaßes statt. Die Biodiversität kollabiert, die Ökosysteme verschwinden vor unseren Augen. Lässt sich diese Entwicklung noch stoppen?

Man soll ja nie sagen, wir seien zu spät dran, wenngleich die Lage dramatisch ist, was die drei großen Krisen um Biodiversität, Klima und Pandemie angeht. Wenn ich die Titanic als Metapher bemühen darf: Wir haben den Eisberg gerammt, das Wasser läuft ins Schiff, aber nun geht's drum, es besser zu machen als auf der Titanic. Wir können nun versuchen, so viel wie möglich zu retten – oder wir können Chaos und Panik haben. Es liegt in unserer Hand. Unsere Generation hat den größten Schaden auf der Erde angerichtet, aber gleichzeitig auch die größte Möglichkeit, Schäden von der Zukunft abzuwenden. Das stimmt optimistisch.

Schon lange weisen Sie auf die Zusammenhänge zwischen der voranschreitenden Klimaerwärmung, dem Zurückdrängen von Lebensräumen und einem dadurch stark erhöhten Pandemierisiko hin. Hat uns Corona noch nicht ausreichend wachgerüttelt, um unseren Umgang mit der Natur zu überdenken und unser Einwirken auf die Ökosysteme zu ändern?

Den großen Wake-up-Call sehe ich nicht. Dabei hätten wir viel lernen können, was den Umgang mit unseren Ressourcen und unsere Werte angeht. Wir haben doch auch gelernt, dass es nicht soooo wichtig ist, zum Einkaufen für ein Wochenende nach New York zu fliegen. Es war doch auch klasse, mal in den Bayerischen Wald zu fahren. Und wir haben gesehen, wie traurig unser Leben ohne Kontakte und Kultur ist. Corona hat so viel zerworfen in unserem Leben. Aber leider hat diese Pandemie noch nicht ausgereicht. Also müssen wir weiter erklären und aufklären. Unbedingt.

GRENZENLOS WILD: DIE NATIONALPARKS BAYERISCHER WALD UND ŠUMAVA

Der Natur sind politische Grenzen herzlich egal – und so wächst der tschechische Nationalpark Šumava mit seinem kleineren Bruder im Bayerischen Wald zum größten Waldschutzgebiet Mitteleuropas zusammen. Auf einer Fläche von knapp 100 000 Hektar gibt es noch Urwälder, unberührte Hochmoore und sprudelnde Wildbäche, die sich nach eigenen Gesetzen zu einer einzigartigen ungezähmten Landschaft entwickeln dürfen.

„Natur Natur sein lassen" lautet das Prinzip des ältesten deutschen und flächengrößten tschechischen Nationalparks, deren Kooperation ausgezeichnet ist – auch im wörtlichen Sinn: Weil das Bemühen um grenzlosen Naturschutz, gemeinsame Forschung und Umweltbildung, länderübergreifendes Park- und Besuchermanagement, sanften Tourismus und wirtschaftliche Regionalentwicklung beispielhaft funktioniert, erhielten beide Parks mit dem Transboundary-Zertifikat schon dreimal eines der wichtigsten Naturschutz-Gütesiegel Europas.

Dort, wo der Eiserne Vorhang einst den Kontinent teilte, entstehen mit struktur- und totholzreichen Wäldern auch Mikrohabitate für eine breite Vielfalt an Arten. Mit gemeinsamer Natur, einer gemeinsamen Landschaft, gleicher Kultur, identischen Zielen und Interessen schmiegen sich die Nationalparks Bayerischer Wald und Šumava wie siamesische Zwillinge aneinander – und schicken mit großer Geste eine mächtige Vision für die nahe Zukunft auf den Weg: das erste vereinte Schutzgebiet im grünen Herzen Europas.

ch freue mich, dass Sie das hier gerade lesen – und hoffe, Ihnen gefällt mein Buch. Wie würden Sie es eigentlich finden, wenn eine künstliche Intelligenz es geschrieben hätte?

Letztendlich hängt die Qualität eines Buches von vielen Faktoren ab, einschließlich der Sprache, der Handlung, der Charaktere und der Emotionen, die es vermittelt. Eine künstliche Intelligenz, die in der Lage ist, ein Buch zu schreiben, das diese Elemente in einer überzeugenden Weise kombiniert, könnte sehr beeindruckend sein. Aber es ist wichtig zu beachten, dass das Schreiben eines guten Buches viel mehr als nur eine Sache der Intelligenz ist – es erfordert auch Kreativität, Vorstellungskraft und Empathie, Eigenschaften, die derzeit noch schwer zu modellieren sind.

Das sagt der Computer. Ich habe ihn über das Programm *Chat GPT* befragt, das auf künstlicher Intelligenz basiert. Sie steht für Maschinen, die können, was der Mensch kann: sehen, hören, sprechen, lesen. Und das ist erst der Anfang. Wer dem KI-Schreibprogramm zusieht, wie es geschliffen formulierte Sätze ausspuckt, dem wird schnell klar: Das kann unser Leben verändern. So sehr künstliche Intelligenz begeistert – sie rüttelt auch an unserem Selbstverständnis, macht vielen sogar Angst.

Die einen warnen vor der Zukunft und davor, dass der technische Fortschritt manche Berufe womöglich ausradieren wird. Die anderen tun ihn als Hype ab, während wieder andere ihn klug für sich zu nutzen wissen. Haben so auch die Glasmacher im Bayerischen und Böhmerwald diskutiert, als sie erstmals den „Eisernen Mann" bei seiner Arbeit beobachteten und die vollautomatische Glasblasmaschine ihnen in den 1970er-Jahren den radikalen Wandel aufzwang?

Eines ist gewiss: Nichts bleibt, wie es ist. Die Dreiländerregion Deutschland–Österreich–Tschechien stellte dies im vergangenen Jahrhundert mehr als eindrücklich unter Beweis. Dieses Buch, das mit Ausnahme des oben angeführten Absatzes – ich schwöre – von mir persönlich verfasst wurde, lädt ein zum Dialog mit Menschen in ganz Europa. Ein vielsprachiges Experiment, an dem wir alle teilnehmen sollten. Denn die Anleitung für unsere Zukunft wird heute geschrieben.

WERTE WANDELN, ZEITEN WENDEN

UNSERE CHANCE
ZUM CHANGE

D er Weber rückt seinen Sitz zurecht: ein fichtenes Holzbrett. Dann legt er los. Schickt mit der rechten Hand das Schiffchen quer über den Webstuhl, während er mit der linken den Kamm zu sich schiebt, den Faden gegen den bereits gewebten Stoff drückt und mit beiden Füßen das Pedal tritt, um Ober- und Unterfäden zu heben. Blitzschnell und rhythmisch im Takt. Die Handweberei, so identitätsstiftend sie im Mühlviertler Grenzland zu Bayern und Böhmen noch immer sein mag, ist das Relikt einer vergangenen Zeit. Seitdem ist viel passiert in der Dreiländerregion. Und dennoch wird dort bis heute so sorgfältig gearbeitet wie bodenständig gelebt. „Hinterwäldlerisch" sagen die einen, „voll hip" die anderen. Weil es an manchen Orten so still ist, dass man im Winter sein eigenes Herz schlagen hört.

Das Leben ist ein Gewebe. Eine Verkettung von Ereignissen und Angelegenheiten, die wir für wichtig halten. Oder die uns ungewollt erreichen. Ein persönliches Muster aus Vergangenheit, Gegenwart und Zukunft – wobei sich gerade Letztere oft als enttäuschend erweist. Stanley Kubricks *A Space Odyssey* von 1968 stellte uns spätestens 2001 die Besiedelung des Weltraums in Aussicht, Carl Amerys *Der Untergang der Stadt Passau* versprach schon vor fünfzig Jahren autark lebende Bauern – und *Knight Rider* Anfang der Achtziger mit künstlicher Intelligenz ausgestattete Autos. Und was bekamen wir stattdessen? Gesellschaftliche Normen, was wir zu essen und wie wir zu sprechen haben. Das Coronavirus mit weltweit sieben Millionen Toten. Einen sich beständig aufheizenden Planeten mit bis zu 150 sterbenden Tier- und Pflanzenarten pro Tag. Schottergärten. Bürokratiemonster. Einen neuen Krieg in Europa.

Es ist alles sehr ernüchternd – und die Enttäuschung eine bedeutsame Erfahrung. Dabei ist das Enttäuschen doch eigentlich Sache der Gegenwart. Sie zeigt uns auf, warum wir noch nicht dort sind, wo wir hinwollen, warum wir das Klassenziel verfehlt haben, in welchen Fächern es nun nachzusitzen gilt. Die Zukunft hat andere Aufgaben. Sie muss richten, was die Vergangenheit vergeigte. Sie muss Freundschaften pflegen. Für Gerechtigkeit sorgen. Die Menschlichkeit würdigen. Die Wissenschaft stärken. Bildung bieten. Machtbesessene Politiker stürzen. Digitale Kompetenz fördern. Frieden stiften. Gutes und Schönes bewahren. Mut machen, die Fantasie beflügeln, das Denken auf den Kopf stellen und neue Türen öffnen. Die Zukunft hat alle Hände voll zu tun.

Weil ökonomischer Pragmatismus und Demokratie auf Businessniveau schon lange nicht mehr funktionieren und wir für unsere Wahrnehmung im geopolitischen Gefüge neben der regionalen auch eine europäische Identität brauchen, werden wir Europa neu denken müssen. Eine gewichtige Aufgabe für die Zukunft, die nicht nur den Wertewandel bedingt, sondern auch Weitsicht. Nachhaltiges Handeln. Weniger Verbote, dafür mehr Eigenverantwortung – und Konsequenz in der Zusammenarbeit als Nonplusultra für eine gelingende Länderunion.

Vermutlich müssen wir dazu auch unser Zeitverständnis überdenken. Im Moment scheint die Illusion der Gleichzeitigkeit attraktiv. Wir beschleunigen nicht, indem wir schneller werden, sondern verdichten mehr und mehr. Vergleichzeitigte Welt. Während wir die Grenzen zwischen Berufsalltag und Privatleben immer weiter aufweichen, werden global gesehen immer mehr Grenzen gebaut – auch in Europa. Frontifizierung als Stoppschild der Migration. Zählten wir 1990 noch zwölf Mauer- und Zaunbefestigungen weltweit, so sind es heute 85 Grenzen, die in „willkommen" und „unwillkommen" sortieren. Es ist absurd: Als die Mauer fiel und der Eiserne Vorhang sich öffnete, glaubten wir, die Grenzen würden weniger. Stattdessen wurden sie mehr. Eine Entwicklung, die anhält.

Wie also kann es der Zukunft gelingen, (gast-)freundlicher, friedlicher und fürsorglicher als die Vergangenheit zu sein? Gerne mit Grenzen zur Orientierung, aber nicht als Reviermarke, die es beißend zu verteidigen gilt? Ich bin gespannt, wie sich der Austausch der Länder Europas in Zukunft gestaltet. Was werden wir voneinander lernen? Und wer lernt von wem?

Beim Beobachten einer Schwalbe am Himmel kam mir kürzlich ein Bild in den Sinn, das Leitmotiv sein könnte für ein gelingendes Europa – und letztlich für unsere Rolle in der Welt: Die Schwalbe wartet auf einen Luftstrom, in den sie sich hineinstürzen kann. Vielleicht schaffen wir es, genauso zu leben: Angestoßen von einem äußeren Ereignis und berührt von einem besonderen Augenblick, könnten wir versuchen, einem Impuls zu folgen. Einen Rhythmus zu finden. Einen Luftstrom, von dem wir uns tragen lassen.

Schwalben am Himmel sind verwoben mit Freundschaft, Treue und Glück. Der Winter ist vorbei, der Frühling beginnt.

BESSER IN BALANCE

Laura Amberger verkauft Licht und mag gerade
deshalb die Dunkelheit so gern. Sie glaubt an die
Notwendigkeit von Gegensätzen. An Buddha und
den Herrgott auch, die beide gleichberechtigt bei ihr
wohnen: in einer zukunftsträchtigen Bauernhof-WG,
abgelegen zwischen Wald und Welt.

F rüher, sagt sie, musste sie häufiger weg. In die Großstadt, wo es flip-
pige Leute, extravagante Lokale, Konzerte und Ausstellungen, eine
U-Bahn und Programmkinos gibt. Und in den Urlaub, mindestens
dreimal im Jahr. Laura Amberger war viel unterwegs in der Welt. Hat Länder
gesammelt. Abenteuer. Eindrücke – aber auch die Erfahrung, dass Reisen
zwar den Horizont erweitert, nicht aber ihre Sehnsüchte stillt. Sie bezog ein
Bauernhaus am Rand eines Dorfs. Zunächst ganz allein, mit tausend Ideen
im Kopf, aber auch voller Angst vor dem alten Gebäude, in dem es nachts
gespenstisch knarzte.

Laura liebt das Ungewöhnliche. Lebensentwürfe, die anders sind. Fern
vom Mainstream, dafür geerdeter und – vermeintlich – gesünder. „Ich mag
es, vor die Haustür zu treten und gleich im Wald zu sein." Sein Zartgrün
im Frühjahr zu bestaunen und seine Farbenpracht im Herbst. Sein letz-
tes Aufbäumen zu bedauern, bevor der lange Winter einzieht, mit seinen
Schatten, seinem Licht. „Den Wechsel der Jahreszeiten zu spüren, ist ein
Privileg", beteuert Laura. Den Sommer genießt anders, wer auch den Winter
kennt. Dieser bringt die Zeit des Rückzugs mit sich – und er beschert Laura
mehr Schlaf. „Ich versuche, möglichst im Einklang mit der Natur zu leben",
erzählt sie. Ihre Kräfte einzuholen, wenn es draußen dunkel wird, und auf-
zustehen, sobald der Tag erwacht.

Laura Amberger ist Expertin für Licht, gründete 2010 den ersten Online-shop für nachhaltige Beleuchtung, den es im niederbayerischen Viechtach mittlerweile auch stationär gibt. *licht-freude* heißt der Laden, weil Licht nicht nur dem Zweck dient, sondern überdies die Seelen auffüllt. Laura kennt die Wirkung von Licht. Sie geht weit über das Sehen und Erkennen von Gegenständen hinaus, beeinflusst unsere Stimmung, unser Wohlbefin-den und steuert den Rhythmus von Wachsein und Schlaf. Licht ist Wärme. Wissen. Hoffnung. Licht ist auch Sicherheit. Atmosphäre. Und der Einfall des Göttlichen in die Welt. Ohne Licht wären wir nicht – wenngleich es als Pendant auch der Dunkelheit bedarf, für deren Schutz sich Laura als Patin der Nacht engagiert.

Sie steht auf gegen die Verschmutzung durch Licht, deren Missachtung uns zunehmend aus dem Takt geraten lässt. Schlaflosigkeit ist die Folge. Erschöpfung. Burnout. Artensterben sogar. „Mehr als sechzig Prozent aller Lebewesen sind nachtaktiv", weiß die Beleuchtungsspezialistin, „und werden durch zu viel künstliches Licht in ihren Aktivitäten gestört." Bei der Bestäubung geblendet. Bei der Fortpflanzung abgelenkt. Bei der Futtersuche irritiert. Unzähligen Insekten drohe in zu hellen Nächten der sichere Tod und Bäumen das Chaos im jahreszeitlichen Rhythmus der Vegetation.

Wir Menschen haben die Nacht zum Tag gemacht, die Dunkelheit schwin-det und findet in großen Städten oft gar nicht mehr statt. „Dabei brauchen wir Gegensätze", ist Laura überzeugt. Licht benötigt Finsternis, Glück schon mal das Pech und Freiheit ihre Grenzen – wenn auch nicht derart starre, wie die 48-Jährige sie aus der Kindheit kennt. Vom Küchenfenster ihres Elternhauses aus hatte sie die Nato-Türme am Hohenbogen im Blick: imposante Kolosse auf 1111 Metern über dem Meer, die den Geheimdiensten und Streitkräften der Westmächte als Spionageeinrichtung gegen den Feind im Osten dienten. Deutsche, französische und amerikanische Soldaten hörten hier vierzig Jahre lang den Funkverkehr russischer Migs und die Signale der Kommandozentra-len jenseits des Eisernen Vorhangs ab. Angeblich reichten ihre Ohren fast bis zum Schwarzen Meer. „Für uns war hier die Welt zu Ende." Der Kalte Krieg dauerpräsent. Und der Schritt über die grüne Grenze am Hausberg, dem Os-ser, eine Mutprobe unter den kühnsten Kindern: jeder Tritt begleitet von dem Wissen, etwas Gefährliches und streng Verbotenes zu tun.

Laura kam nie in die Tschechoslowakei. „Die Richtung war eine andere und der Warschauer Pakt für meine Eltern zu bedrohlich." Noch heute spürt sie eine andere Welt, wenn sie, viel zu selten, nach Tschechien fährt. Gleich-zeitig aber freut sie sich, weil die Landesgrenzen offen stehen. Laura passiert

mehrere Grenzen pro Tag. Um zur Arbeit zu kommen, fährt sie vom Landkreis Straubing-Bogen in den Landkreis Regen. Manchmal mit Abstecher
zum Elternhaus, das im Landkreis Cham liegt. Lauras kleine Dreiländerregion. Zudem: Geht sie hinter ihrem Hof nur dreißig Meter über den bewal-
deten Buckel, steht sie nicht mehr in Niederbayern, sondern auf Oberpfälzer
Terrain. „Es ist spannend, wohin wir Menschen uns
orientieren." Welchen Einfluss Grenzen nehmen und
uns die Richtung vorgeben. Sie hätten schon ihre
Berechtigung, meint sie, zur Orientierung wie am
Beispiel der Landkreise und Bezirke – als Barriere
aber keineswegs.

Aus manchen Anwesen dringt warmes, einladendes Licht, da würde ich gerne an die Tür klopfen.

Laura hängt sehr an der Region, nirgendwo anders
möchte sie leben. Dank der Möglichkeit, sich europaweit frei zu bewegen, wurzelt sie tief im Bayerischen
Wald, nur hier ist sie daheim. Die Dämmerung über-
zieht den Hof, schleicht in die Stube, wo Laura nun
das Licht anmacht. Längst leben Ehemann Manfred
und die Söhne Emil und Leo mit unter ihrem Dach.
Dazu Hans-Jörg und Simone, ein befreundetes Paar,
im modern ausgebauten Kuhstall. Eine ländliche Community, die Laura vor
zwanzig Jahren initiierte und in der sie ohnedies das Wohnmodell der Zukunft sieht.

Der Hof am Rand des Dorfs scheint ein guter Platz zu sein. Ob ein geomantischer, weiß Laura nicht so genau. Sie hat den Tag im Garten verbracht.
In der Erde zu wühlen, ist ihre Art der Meditation. Gedankenhygiene nennt
Laura das. „Ich beobachte, was in meinem Hirn passiert", erklärt sie. Was
nicht mehr guttut, sortiert sie radikal aus. Drüberschauen statt mittendrin
sein. Neue Perspektiven einnehmen und rauskommen aus dem Reagieren,
wenn kein Platz mehr ist zwischen Gedanken und Tat.

Laura Amberger ist ein gläubiger Mensch. Im christlichen Werteverständ-
nis sozialisiert und vom tibetischen Buddhismus seit dem 15. Lebensjahr fasziniert, sind beide Religionen in ihrer Stube daheim. Im Herrgottswinkel das
hölzerne Kruzifix, typisch bayerisch, daneben als ikonografisches Rollbild
das Thangka, das den Erleuchteten in erdigen Farben porträtiert. Buddha
und Herrgott scheinen zu harmonieren. Lassen Grenzen verschwimmen, im
Wohnraum wie in Lauras Seele und Herz. „Es gibt so viele Gemeinsamkeiten zwischen den Religionen", erzählt sie. „Man muss sie nur zulassen." Um
die Erhaltung der Schöpfung gehe es hier und da. Und am Ende um Erlösung.

Es wird viel geredet im Dorf. Miteinander. Übereinander. Über die Welt, über Gott. Seit einigen Jahren sind Laura und Manfred im Bibelkreis aktiv, treffen sich einmal pro Monat mit sieben Gleichgesinnten zur Arbeit mit dem Buch der Bücher, das für Laura „voller abgefahrener Geschichten" steckt. Zu jeder Zusammenkunft wird eine Bibelstelle aus dem Alten oder Neuen Testament ausgesucht und in der Gruppe diskutiert – mit dem Ergebnis, dass alle Beteiligten einen einzigen Satz ganz unterschiedlich deuten. Wenn Konsens schon im Kleinen so kompliziert ist, wie schwierig zu finden ist er dann erst im Großen?

Laura geht gern in die Kirche, regelmäßig aber nicht. Sie liebt Gottesdienste. Die Liturgie als Richtungsweiser, die überall einheitlich ist auf der Welt. Kirchengebäude mag sie ebenfalls gern. Ihre ästhetische Ausgestaltung, den bayerischen Barock. „Wir sollten uns ohnehin wieder mehr auf die Schönheit konzentrieren", sagt sie. Das Beste herausarbeiten, anstatt sich mit Mittelmäßigem zufriedenzugeben. Anhand ihrer Gebäude dürfe die Kirche ruhig zeigen, was der Mensch Schönes schaffen kann: „Das ist doch eine Aufgabe: Gotteshäuser mit Leben zu füllen, verdammt noch mal!"

Wenn Laura abends durch ihr Dorf spaziert, vorbei an Häusern und Gehöften, die wie zufällig in die Landschaft gestreut sind, dann weiß sie, wo sie Gast sein will – und wo nicht: „Aus manchen Anwesen dringt warmes, einladendes Licht, da würde ich gerne an die Tür klopfen", überlegt sie. Andernorts dagegen werden Häuser schon von außen zu grell beleuchtet, wie billige Filmstars im Scheinwerferlicht. Dann genießt Laura lieber die Dunkelheit der Nacht. Ungewöhnlich für eine, die tagsüber freudestrahlend Licht verkauft.

Auch in Lauras Leben gab es schwarze Momente. Und eine besonders einschneidende Erfahrung, von der sie noch heute, knapp zwanzig Jahre danach, mit Tränen in den Augen erzählt: Die Geburt ihres Ältesten war begleitet von Komplikationen – und der stundenlangen Ungewissheit, ob beide, das Baby und sie, überleben. Laura war an ihre Grenzen geraten, kämpfte sich und den Sohn aber vom Rand der Kraft zurück ins Licht. „Wir glauben ja, in der Dunkelheit orientierungslos zu sein", sagt sie. „Dabei gibt uns schon die kleinste helle Quelle Sicherheit und Halt."

Längst ist es finster geworden draußen, nur eine einsame Laterne beleuchtet den Hof. Es ist Anfang August und der Himmel ganz klar. Die Chancen stehen gut, Perseiden durch die Nacht fallen zu sehen. Laura wird wieder rausgehen später. Schauen. Warten. Die unendliche Weite genießen. Und sich bei jeder Sternschnuppe was wünschen.

STERNENPARK
BAYERISCHER WALD

Der dünn besiedelte Bayerische Wald mit angrenzendem Böhmerwald hat Star-Potenzial. Die Gegend zählt zu den dunkelsten Mitteleuropas. Neben Abertausenden Sternen und dem weißen Band der Milchstraße sind bei Dunkelheit sogar Airglows mit bloßem Auge zu beobachten: das schwache Leuchten höherer Atmosphäreschichten. Weil nur noch wenige Regionen die freie Sicht in den ungetrübten Nachthimmel bieten, bewerben sich Naturpark und Nationalpark Bayerischer Wald aktuell um die Zertifizierung zum international anerkannten Lichtschutzgebiet.

Dabei geht es um den Schutz nachtaktiver Tiere und die Einsparung von Energie durch sinnvoll eingesetztes künstliches Licht. Ein Sternenpark minimiert die Emissionen an CO_2 und unnötiger Beleuchtung beträchtlich und trägt damit zur Gesundheitsvorsorge und Steigerung der Lebensqualität bei. Bleibt zu hoffen, dass die Anerkennung durch die International Dark-Sky Association, eine NGO, die sich der Bekämpfung von Lichtverschmutzung verschrieben hat, nicht Lichtjahre auf sich warten lässt.

DIE VISIONÄRIN

Die Trendforscherin Oona Horx-Strathern weiß, wie
wir in Zukunft wohnen: nachhaltig, multifunktional,
in smarten Citys und progressiven Provinzen. Dazu
müsse Europa aber noch diverser werden. Weiblicher.
Und sehr viel mutiger für Experimente.

O*ona, Sie sind in London
aufgewachsen, besitzen
einen irischen Pass, woh-
nen in Österreich und haben zuvor
in vielen anderen Ländern Europas
gelebt und gearbeitet. Wo sind Sie
daheim?*
OONA HORX-STRATHERN Ich fühle
mich als Europäerin, glaube aber,
dass man in verschiedenen Lebensphasen unterschiedliche Verbindungen zu den Ländern eingeht.
Ich habe überall in Europa schon
gelebt. Bis zum Alter von fünf Jahren wohnte ich in Irland. Danach
sind wir als Familie über den ganzen Kontinent gezogen – meist mit
dem Auto, was viel fester mit den
jeweiligen Ländern verankert, als
wenn man mit dem Flugzeug reist.
Mit Frankreich fühle ich mich bis

heute eng verbunden. Zu Irland dagegen konnte ich lange keine rechte
Beziehung mehr aufbauen. Erst in
den letzten Jahren zieht es mich
wieder dorthin – ans nordwestliche
Ende Europas, was zu Wien und
damit zur Mitte Europas einen sehr
spannenden Kontrast bildet.

Wie wird man Zukunftsforscherin?
Inzwischen gibt's dafür tatsächlich eine Ausbildung. Mein Sohn
Tristan etwa unterrichtet an der Uni
Heidelberg Trend- und Zukunftsforschung. Mein Mann und ich haben vor dreißig Jahren in Hamburg
mit der Trendforschung losgelegt.
Nach ein paar Jahren wollten wir
tiefer ins Fach, widmeten uns den
großen soziografischen Trends und
gründeten das Zukunftsinstitut.

Mein Mann ist Soziologe, ich habe Anthropogeografie studiert und als Journalistin gearbeitet. Dabei konnte ich mir einen Überblick über viele Themen verschaffen. Bereits in den Achtzigern schrieb ich über Ökologie, obwohl das öffentliche Interesse dafür erst später geweckt wurde. Aus der Kombination von Soziologie und Geografie kam wohl meine Leidenschaft für Trends, soziale Änderungen und Evolutionsprozesse. Für mein Buchprojekt *Die Visionäre* setzte ich mich schließlich intensiv mit allen Bereichen der Zukunftsforschung auseinander, vom Orakel von Delphi bis heute.

Gibt es überhaupt Gesetze oder Trends, die heute sicher bestimmen, was morgen sein wird?

Es gibt kleinere Trends, größere Trends und Megatrends wie die Mobilität, die Urbanisierung oder die Neoökologie. Dabei stehen die Trends nie für sich allein, sondern geraten aneinander oder kreuzen sich, ähnlich wie Zugverbindungen auf einem Fahrplan. Sind die Megatrends ins soziale Bewusstsein gedrungen, beginnt die Gesellschaft zu reagieren. Betrachten wir zum Beispiel den Megatrend Individualisierung: Er erzeugt aktuell einen Gegentrend nach Gemeinschaft. Während die Menschen vor hundert Jahren in enge Communitys hineingeboren wurden, werden wir heute als Individualisten geboren und müssen unsere Gemeinschaft erst finden. Wir wünschen uns die Verbindung zu ähnlich denkenden Menschen, also entwickelt sich der Co-Living-Trend und damit eine Synthese aus Individualismus und Gemeinschaft. Wenn man genau auf aktuelle Interessen und die Hintergründe dafür schaut, lassen sich künftige Trends ganz gut bestimmen.

Sie selbst wohnen in einem „Zukunftshaus". Was darf man sich darunter vorstellen?

Als mein Mann und ich vor mehr als fünfzehn Jahren hier auf dem Grundstück standen, überlegten wir, wie wir den Megatrend Ökologie in ein Haus umformen könnten. Wir wollten mehr Energie produzieren als verbrauchen, was uns mit Hilfe von Solarpanels und einer Wärmepumpe sehr gut gelingt. Wir haben einen Ökoteich im Garten angelegt und freuen uns über unzählige Frösche und Libellen. Außerdem bauen wir Gemüse an, kultivieren alte Obstsorten auf unserer Streuobstwiese, halten Bienen und sind seit 2010 ausschließlich elektrisch mobil. Unser Haus ist smart, was aber mehr für den sozialen und ökologischen Aspekt gilt als für den technischen. Wir wollten keine digitalen Hausmeister werden und haben zum Beispiel neben unserer Hightech-Alarm-anlage einen lowtech-wachsamen Hund mit großen Zähnen.

„Konnektivität" ist ein Schlagwort unserer Zeit. Wir werden ständig aufgefordert, uns zu verbinden – mit dem Computer, mit der Küchenma-schine, dem Handy, dem Auto. Gleich-zeitig lebt in Ballungsräumen die Hälfte der Menschen in Einzimmer-wohnungen. Zwischenmenschliche Verbindungen spielen offenbar eine untergeordnete Rolle. Heißt das, dass wir zunehmend vereinsamen?

Nein. Gerade in großen Städten sehnen sich die Menschen nach vertikalen Dörfern als Co-Living-Communitys. Dort lässt sich eine gewisse Privatheit bewahren und gleichzeitig in einer Gemeinschaft leben. Wichtig aber ist, dass die Verbindung zu anderen Menschen freiwillig passiert – anders als früher auf dem Dorf, wo die Leute quasi in die Gemeinschaft gezwungen wurden. Wer nur einen kleinen privaten Wohnraum zur Verfügung hat, sucht Ausgleich in sogenannten Shared Spaces. Das beste Beispiel, wie man diese großzügig und ein-ladend gestalten kann, sieht man in Kopenhagen. Die Stadt hat da europaweit die Nase vorn.

Siebzig Prozent der Weltbevölkerung werden im Jahr 2050 in Großstädten wohnen, prognostizieren die Verein-

ten Nationen. Was bedeutet das für die Provinz?

Viele Leute haben aktuell das Be-dürfnis, aus den Städten aufs Land zu ziehen. Dabei nehmen sie die Ideen und Strukturen aus der Großstadt mit in die Provinz. Wir Trendfor-scher sprechen von der „Progressiven Provinz". So werden auf dem Land etwa Coworking-Spaces eingerich-tet – was im Umkehrschluss wieder mehr Leute ins Dorf lockt. Generell sind die Menschen heute eher bereit, öfter umzuziehen als noch vor fünf-zig Jahren. Damals hat man ein Haus fürs Leben gebaut. Heute werden wir immer älter und durchlaufen viel mehr Lebensphasen, die uns auch an unterschiedliche Orte führen. Die Covid-19-Krise hat das Land zu-nehmend interessanter gemacht. Die Menschen suchen nach mehr Platz und haben gemerkt, wie wichtig ein Balkon oder eine Grünfläche ist.

Was macht einen Lebensraum „smart"?

Dass er den Menschen eine gute Lebensqualität bietet. Mittlerweile sprechen Stadtplaner von der Fünf-zehn-Minuten-City. Dort sind alle alltagswichtigen Einrichtungen zu Fuß oder mit dem Fahrrad innerhalb einer Viertelstunde erreichbar: der Bäcker, das Büro, das Postamt, der Park oder der Kinderspielplatz. In Amerika und Kanada werden sogar Zehn- und Fünf-Minuten-Citys eingerichtet, was besonders auf unsere immer älter werdende Gesellschaft abzielt. Oft gehen Menschen über 65 gar nicht mehr aus dem Haus, weil sie beispielsweise den Park nur sehr mühsam erreichen können. Die Bedürfnisse älterer Menschen und explizit auch von Frauen zu berücksichtigen, macht einen Lebensraum smart.

Was sind die Bedürfnisse der älteren und jüngeren Generation in den nächsten Jahren?

Interessant finde ich die aktuelle Debatte um Einsamkeit. Wir meinen ja, nur ältere Menschen wären einsam, dabei sind auch viele Jüngere davon betroffen. Eine Wohnanlage im schwedischen Helsingborg bietet hierfür eine wunderbare Lösung: Dort dürfen nur unter 25-Jährige und über 60-Jährige einziehen, also jene beiden demografischen Gruppen, die am häufigsten einsam sind. Die Bedingung ist: Die Jüngeren und Älteren müssen zwei Stunden pro Woche miteinander verbringen. Weil das Projekt so erfolgreich ist, sollen in Schweden nun weitere solcher Wohnanlagen gebaut werden. Ich denke, wir brauchen in Europa noch viel mehr mutige Experimente, die ein Problem ganz gezielt in den Fokus nehmen.

In Schottland hat das erste vegane Hotel eröffnet, in den Niederlanden ist ein ganzes Stadtviertel im Cradle-to-Cradle-Kreislaufprinzip entstanden. Was innovative Konzepte und ökologische Baustoffe angeht, scheint Europa doch auf einem guten Weg zu sein ...

Ja, Europa entwickelt sich ganz gut. In Schweden etwa wurde kürzlich der erste CO_2-neutrale Stahl verbaut. Wie alle Trends fing auch das neoökologische Denken klein an, wird aber in der Baubranche bereits miteinbezogen. Wir achten heute mehr darauf, woraus sich unsere Wandfarben zusammensetzen. Oder unsere Teppiche und Stoffe. Deren Qualität für unser Wohlbefinden wird uns immer mehr bewusst. Wir haben gute Voraussetzungen, müssen sie aber künftig noch besser nutzen.

Es heißt, das größte Heimweh hätten jene Menschen, die kein Zuhause besitzen. Wie müssen wir unser „Haus Europa" einrichten, damit sich alle darin geborgen fühlen?

Ich bin in London auf eine Schule gegangen, in der Kinder mit 32 unterschiedlichen Nationalitäten unterrichtet wurden. Das Multikulturelle empfinde ich als ganz normal. Für mich ist es ungewohnt, Menschen nach ihrer Herkunft zu differenzieren. Wenn Europa nicht nur grenzenlos, sondern noch viel diverser würde, wäre das mein Ideal eines happy Hauses. Wir sind 1999 nach Wien gezogen, weil wir im Zentrum Europas leben wollten. Corona jedoch hat uns die Grenzen zu anderen Ländern wieder deutlich vor Augen geführt. Wir hatten sie ja längst vergessen. Meine beiden Söhne kannten Europa bislang nur grenzenlos und waren sehr irritiert – gerade auch, was den Brexit anging.

Wie ging es Ihnen mit dem Brexit?
Ich habe geweint. Ich besitze einen britischen und einen irischen Pass und habe bereits während der Diskussionen um den Brexit meinen irischen Pass neu beantragt, damit ich den britischen nicht mehr brauche. Meine Kinder haben jetzt ebenfalls irische Pässe – und sogar mein britischer Vater, der in London lebt, hat mit achtzig Jahren noch einen irischen Pass beantragt. Das ging, weil seine Großmutter Irin war.

Das Corona-Virus ließ die Welt kollabieren, zwang uns in neue Erfahrungen und zu neuem Denken. Was wird die Welt im Post-Corona-Zeitalter zusammenhalten?
Wenn man sich erinnert, wie schnell und gut Europa bei der Entwicklung des Corona-Impfstoffs zusammengearbeitet hat, dann wird das Potenzial der Europäischen Union einmal mehr deutlich. Man spürte ihre unglaubliche Schlagkraft und Stärke. Länder außerhalb der EU –

und England im Speziellen – haben uns darum sicher beneidet.

Wie sieht die Zukunft in Europa für uns Frauen aus?
Als ich vor zwanzig Jahren zu Vorträgen in der Schweiz war, war ich oft die einzige Frau im Saal. Aber ich prognostizierte schon damals, dass in zwanzig Jahren, also heute, dreißig Prozent Frauen im Publikum sitzen werden. Die Männer rollten damals mit den Augen. Freilich: In vielen Branchen sind immer noch wenig Frauen vertreten, aber im Vergleich zu vor zwanzig oder dreißig Jahren finden sich in Führungspositionen heute viel mehr Frauen. Allein wenn eine Gesellschaft erkennt, dass hier noch ein Mangel herrscht, ist das schon Fortschritt. Betrachten wir wieder die Stadtplanung: Frauen bewegen sich mit viel mehr Multistopps durch Städte. Sie bringen die Kinder zur Schule, bevor sie zur Arbeit fahren, und kaufen auf dem Heimweg noch ein. Männer dagegen haben oft nur einen Weg: von zu Hause ins Büro und zurück. Würden diese geschlechterspezifischen Bedürfnisse und Ansprüche besser berücksichtigt, wäre das ein wichtiger Schritt in die richtige Richtung.

TRANSKULTURELLE AUFKLÄRERIN

Zohre Esmaeli kam als Flüchtlingskind von Kabul über die Laufstege der Welt zu sich selbst. Das Topmodel mit afghanischen Wurzeln und Vorbild für gelungene Integration engagiert sich für Geflüchtete. Ebnet Wege für Menschenrechte und Freiheit – und baut in Mauern Türen ein.

Als Sie Ende Februar 2022 die ersten Bilder der flüchtenden Menschen aus der Ukraine gesehen haben – was ging Ihnen da durch den Kopf?

ZOHRE ESMAELI Ich habe eine besondere Verbindung zur Ukraine: Meine Familie ist über die russische Route aus Afghanistan geflohen. Wir haben einen Monat in der Ukraine und davon zwei Wochen in einer Menschenhändlerwohnung in Kiew gelebt. Im Gegensatz zu den Erwachsenen durfte ich die Wohnung zum Einkaufen verlassen. Das war ein Stück Freiheit für mich: Ich war Flüchtling und illegal, aber konnte trotzdem raus und ein wenig von dem neuen Land kennenler-nen. Als ich die Bilder der Flüchtlinge aus der Ukraine sah, war ich schockiert. Noch mal einen Krieg so nahe zu erleben, macht meine Seele sehr traurig. Wir haben Geld, Medikamente, Babynahrung und Klamotten an die polnisch-ukrainische Grenze gebracht. Die Situation dort hat mich sehr an meine eigene Flucht erinnert: Als Flüchtling gibst du dein Schicksal in die Hand derer, die da sind, um zu helfen. Wir haben zwei ukrainische Familien nach Deutschland mitgenommen. Hier waren sie in Sicherheit und konnten zu Verwandten weiterreisen.

Sie waren dreizehn, als Ihre Eltern mit Ihnen vor den Taliban flohen.

*War Europa für Ihre Familie von An-
fang an das Ziel?*
Ja. Während andere Flüchtlings-
familien England oder Schweden
ansteuerten, wollten wir von
vorneherein nach Deutschland. Zu
meinen Brüdern, die schon länger
hier waren.

*Ihre Flucht dauerte sechs Monate.
Sie litten Hunger und Durst, wären
beinahe ertrunken, zogen sich eine
Vergiftung zu, saßen im Gefängnis
und lebten, endlich in Deutschland
angekommen, zwei Jahre lang in
Flüchtlingsheimen. Was gab Ihnen die
Kraft, durchzuhalten?*

Die Freude auf etwas Neues gibt einem die Kraft. Die Aussichten auf ein besseres Umfeld, mehr Sicherheit, mehr Möglichkeiten, die Achtung der Menschenrechte – das alles waren für meine Eltern die Gründe, nach Europa zu kommen. Ich bin sehr zukunftsorientiert und wollte mich schnell in Deutschland integrieren, mein neues Land kennen- und verstehen lernen. Meine Neugierde hat mir Kraft gegeben. Die Einsicht, dass man sich nur entwickeln kann, wenn man sich auf Neues einlässt. Oft nehmen erwachsene Geflüchtete ihre Chancen hier in Europa nicht wahr. Sie haben sich mental nicht vorbereitet und halten zu sehr an Altem fest.

„Ich habe manchmal Heimweh. Ich weiß nur nicht, wonach ...“ Inwiefern erkennen Sie sich in dem Zitat der ungarischen Dichterin Mascha Kaléko, die wie Sie mehrfach ihr Zuhause verlassen musste, wieder?
Das ist ein schwer zu beschreibender Zustand. Ich lebe nun schon sehr lange in Deutschland und verspüre dennoch manchmal eine Sehnsucht – ohne zu wissen, wonach. Afghanistan hat mir nie ein richtiges Heimatgefühl gegeben, wir sind ja von dort geflohen. Trotzdem holen mich Erinnerungen an schöne Tage, an die Kultur und bestimmte Werte immer wieder mal ein. Das ist sicher eine Art von Heimweh,

ja. Das Alte kann uns keiner mehr nehmen. Aber man kann Neues verhindern, indem man Chancen nicht ergreift! Ich fühle mich verantwortlich für meine alte Heimat und versuche, in Afghanistan über soziale Projekte zu helfen. Schließlich stecken beide Länder und Kulturen in mir und machen mich zu der, die ich heute bin.

Mit siebzehn flüchteten Sie erneut – diesmal vor Ihrer Familie innerhalb Deutschlands, weil Ihr Vater Ihnen westliche Lebensgewohnheiten verbot. Sie haben einmal mehr viel verloren. Was haben Sie gewonnen?
Die Flucht vor der eigenen Familie war sicher die schwierigste Zeit in meinem Leben. Wir hatten ja so viel gemeinsam durchgemacht. Aber ich konnte mich in meiner neuen Heimat einfach nicht weiterentwickeln, weil mir alles verboten wurde. Dabei handelten meine Eltern nicht aus Hass, sie waren sich vielmehr selbst unsicher in ihrer Rolle hier. Ich befand mich in einem großen inneren Konflikt und war sehr unzufrieden. Heiraten wollte ich nicht mit siebzehn, das wäre eine Option gewesen, also bin ich von zu Hause fort. Das war sehr schmerzhaft, hat sich aus heutiger Sicht aber gelohnt. Hätte ich den Schritt nicht gewagt, hätte ich niemals all das gewonnen, was ich heute habe: ein Leben mit Verant-

wortung für mich selbst und einen Beruf, den ich liebe.

Mittlerweile vertragen Sie sich wieder sehr gut mit Ihrem Vater.
Ja. Ich wollte kein egoistisches Leben führen. Vielmehr wollte ich meinen Eltern zeigen, dass eine Frau nicht auf die schiefe Bahn gerät, nur weil sie selbständig ist. Eine Frau kann gut auf sich selbst aufpassen und in Würde leben, ohne ständig darauf achten zu müssen, was andere sagen. Ich liebe meine Familie und wollte sie nicht verlieren. Mein Vater ist ein Vorbild für mich. Als Analphabet hat er zwei Familien ernährt und sieben Kinder großgezogen. Das ist schon eine großartige Leistung. Heute bin ich für meinen Papa da – was ich jedoch nicht könnte, wäre ich den schmerzhaften Schritt damals nicht gegangen. Auf schlechte Zeiten folgen immer wieder gute Zeiten. Mir ist wichtig, dass es Menschen, die mir nahestehen, gut geht.

Was bedeutet Freiheit für Sie?
Dass man eigene Talente wertschätzen und anerkennen kann. Dass man kämpft und sich weiterentwickelt. Freiheit hat nichts damit zu tun, ob ich mit oder ohne Kopftuch rumlaufe. Freiheit ist inneres Wachstum, keine Äußerlichkeit. Auch zu wissen, was es heißt, eine Frau oder überhaupt ein Mensch zu

sein, bedeutet Freiheit. Diese Chance hatte ich in Afghanistan nicht, aber ich habe sie in Deutschland bekommen. Und genutzt.

Sie helfen Geflüchteten beim Ankommen in der neuen Heimat und haben dazu die „Culture Coaches" ins Leben gerufen. Was sind die Ziele dieser Organisation?
„Culture Coaches" ist ein Projekt für Neuankommende und für die aufnehmende Gesellschaft. Wir wollen sensibilisieren, integrieren und gegenseitige Vorurteile abbauen. Seit ich mit meiner Familie hier ankam, hat sich Deutschland interkulturell enorm weiterentwickelt. Ein paar Kleinigkeiten aber sind noch verbesserungswürdig – und hierfür haben wir unsere Culture Coaches. Das sind bikulturelle und bilinguale Menschen, die sich sowohl im Herkunfts- als auch im Ankunftsland der Geflüchteten gut auskennen. Sie betrachten in 27 verschiedenen Modulen sämtliche Lebensbereiche des täglichen Miteinanders, organisieren Ausflüge und sprechen auch Themen an, die in größeren Hilfsorganisationen oft nicht wahrgenommen werden. Rassismus unter Geflüchteten zum Beispiel. Oder Antisemitismus. Die Coaches begleiten ihre Schützlinge durch solche Themen, damit sie sich selbst reflektieren und die Gesellschaft mit einer neuen Haltung

aktiv mitgestalten können. Das ist unser Ziel.

Heute arbeiten Sie als Model in den Modemetropolen der Welt, posieren vor den bekanntesten Fotografen der Branche. Was hat sich der Laufsteg-Superstar Zohre vom Flüchtlingskind Zohre bewahrt?
Ich denke, meine Kindheit hat mich sehr geprägt in der Entwicklung meiner Persönlichkeit. Und das Model-Business wiederum hat mir sehr viel zurückgegeben, was mir in meiner Kindheit genommen wurde. Betrachte ich die Puzzleteile meines Lebens, muss ich immer wieder staunen. Freilich wäre ich auch in einem anderen Fachbereich erfolgreich geworden. Ich wollte ja Flugzeugelektronikerin werden. Aber die Arbeit als Model hat mir erfüllt, was mir in der Kindheit gefehlt hat: die Offenheit, das Entdecken und Ausprobieren. Modeln ist viel mehr als nur Kleider tragen. Man lernt jeden Tag neue Menschen aus den unterschiedlichsten Ländern und Kulturen kennen. In dieser Branche klappt Integration sehr viel schneller als in anderen Bereichen der Gesellschaft. Ich gebe was und ich lerne was. Das bedeutet Wachstum. Und das Kind in mir ist natürlich immer mit dabei.

Sie engagieren sich unermüdlich für eine bessere Welt: gegen Korruption

und Unterdrückung in Ihrer alten und für das Ehrenamt in Ihrer neuen Heimat. Warum lohnt es sich, für andere anzupacken?
Das Ehrenamt habe ich in Deutschland kennen- und wertschätzen gelernt. Ich habe am eigenen Leib erfahren, wie viele Leute mir geholfen haben, beim Deutschlernen oder bei den Hausaufgaben. Man muss Ehrenamtliche noch viel mehr unterstützen und anerkennen. Sie sind eine wichtige Säule in unserer Gesellschaft. In Afghanistan gibt es das Ehrenamt in dieser Form nicht. Dabei lohnt es sich in jedem Fall: Man lernt andere Menschen kennen, es öffnen sich Türen für neue Chancen. Wir sollten nicht immer nur ans Geld denken, denn aus einem Ehrenamt erwachsen Begegnungen und Möglichkeiten, die unbezahlbar sind.

Sie waren Mitglied im Deutsch-Französischen Integrationsrat und sind im Bundesinnenministerium wie im Auswärtigen Amt als Beraterin gefragt. Was können Diplomaten und Politiker von Ihnen lernen?
Ich bin ja nur Teil eines Teams und am Ende stehen viele Köpfe für den Erfolg. Allerdings habe ich die Erfahrung gemacht, dass es in der Politik viele Missverständnisse gibt, weil Gespräche oft nicht richtig aufgenommen werden. Ich würde mir wünschen, dass Diplomaten sich

in ihren Gastländern noch besser anpassen. Für eine Beziehung auf Augenhöhe ist es wichtig, sich transkulturell zu integrieren. Mal angenommen, ich bekomme eine neue Stelle als Außenministerin. Oder als Entwicklungsministerin. Vielleicht bin ich gut in meinem Fach, aber ich habe auch neue Themenfelder und Zielgruppen zu bedienen. Da wär's doch nicht schlecht, mir zwei Stunden pro Woche für eine Fortbildung frei zu halten, oder? Das ist genau das, was fehlt – und gleich wieder neue Konflikte birgt.

In Afghanistan wurden zwanzigjährige Bemühungen um demokratische Strukturen in nur wenigen Stunden zunichtegemacht: Seit 15. August 2021 regieren die Taliban das Land. Wie schenken Sie den Menschen in Ihrer alten Heimat Hoffnung auf eine bessere Welt?
Leider sehen wir immer wieder, dass diplomatische Verhandlungen scheitern. Gerade die moderne westliche Welt konnte sich lange nicht vorstellen, wie schnell eine Situation eskalieren kann. Plötzlich ist Krieg und es sterben Tausende Menschen. Wir müssen realistischer sein, positiv – und trotzdem gut vorbereitet auf schlimme Tage. Für die Menschen in Afghanistan ist Hoffnung das Einzige, das ihnen geblieben ist. Sie können nur hoffen,

dass die Taliban nicht anerkannt werden und irgendwann ein neues Regime an die Macht kommt – und dass sie selbst ihren Mut nicht verlieren. Von Afghanistan können wir lernen, was es bedeutet, wenn keine interkulturelle Integration stattfindet. Die Politiker und Diplomaten sagen, sie hatten die Situation falsch eingeschätzt. Ich halte das für eine Lüge. Hier hat die Außenpolitik total versagt. Ich versuche, mit meinen Leuten vor Ort zivile Alltagshilfe zu leisten, soweit das eben möglich ist. Alle Afghanen aus ihrem Land zu holen, ist schließlich auch keine gute und nachhaltige Lösung.

Ihre Biografie hat Sie durch alle Höhen und Tiefen eines Menschenlebens geführt – und zu einer ausnehmend starken Persönlichkeit geformt. Gibt es noch etwas, das Ihnen Angst macht?
Ich fürchte mich vor dem Tod meines Vaters, weil ich ihn sehr, sehr liebe. Das ist wohl meine größte Angst – auch weil ich meine Mutter sehr früh verloren habe. Ansonsten denke ich, man muss seinen Ängsten die Stirn bieten. Anpacken und Lösungen finden ist meine Art, mit Ängsten und Problemen umzugehen. Und was nicht in meiner Hand liegt, ist Schicksal, das ich auch nicht beeinflussen kann. Also halte ich mich an dem vielen Positiven fest und mache einfach weiter.

GANGSICHERE GRENZSPRENGERIN

Wenn es um Verständigung und Versöhnung geht, lässt
sich Dana Biskup nicht ausbremsen. Die Tschechin,
die in Bayern wohnt und für Europa lebt, kennt
die Strukturen in Brüssel, arbeitet aber lieber dort,
wo Menschen zusammenkommen: an den offenen
Grenzen zu einer besseren Welt.

Die Frau war hartnäckig. Klopfte an Haustüren. Rief über Gartenzäune. Fragte sich durch im ganzen Dorf und zog neben neugierigen auch skeptische Blicke auf sich, als sie im Mercedes mit Frankfurter Kennzeichen durch das nur 130 Einwohner zählende Lípa kroch. Dann, endlich, nach zwei Tagen Anfahrt, 700 Kilometern mehr auf dem Tacho und einer hilfreichen Auskunft, war sie am Ziel. Vor ihr stand Josef. Deutlich gealtert, aber immer noch hochgewachsen und mit dieser Klarheit im Blick, die ihr schon vor vierzig Jahren imponierte. Er hatte sie ausgesucht damals. Aus dem Lager geholt, wohinein die Tschechen alle Sudetendeutschen zwangen. Josef hatte ihr Arbeit geboten auf seinem Hof, einen Schlafplatz, ausreichend Essen und Integrität – bis sie eines Nachts aufbrach und nach Deutschland floh.

„Ich kann mich noch gut erinnern, als die Frau plötzlich bei meinem Opa vor der Tür stand und ihn herzlich umarmte." 1982 war das und Dana Biskup gerade zehn Jahre alt. Es war ein Wiedersehen wie aus dem Heimatfilm: „Opas ehemaliger Arbeiterin liefen die Tränen übers Gesicht. Beide haben sich gefreut und Oma hat Kaffee gekocht", erinnert Dana das Erlebnis – noch viel deutlicher aber die Zeit danach: „Nachdem die Frau wieder abgereist war, wurden mein Opa und mein Papa wochenlang verhört." Josef und sein Schwiegersohn mussten Auskunft geben zu ihrer Verbindung nach Westdeutschland. Sich erklären und rechtfertigen. Das war so üblich im System.

Dana hat sich von ihren Schuhen befreit. Heute möchte sie barfuß durch das Labyrinth auf dem Blümersberg laufen, dessen spiralförmig angelegter Weg sie nach sieben Richtungswechseln zwangsläufig am Ziel ankommen lässt. Für Dana gibt es kein Verirren. Ihr Weg bisher war alternativlos und führte sie, ganz ohne Verschlingungen, direkt „in die Mitte der Welt". So fühlt sich das Dreiburgenland nördlich von Passau für sie an, das sich an diesem Julivormittag unter knallblauem Himmel als besonders aparte Landschaft zwischen Grenzgebirge und Donauvorland präsentiert – und seit zweieinhalb Jahrzehnten Danas Herzgegend ist.

Dabei wuchs auch sie in einer Märchenwelt auf: dem Elbtal im böhmischen Osten, einer Art tschechischem Bullerbü, das voll ist von Birkenwäldern und Blumenwiesen, Heidelbeerlichtungen, Heuböden und Weidezäunen, auf denen Dana als Kind balancierte. Sie spielte sich fröhlich durch den Tag, mit Bruder, Schwester und vielen Freunden, aufgeschürften Knien und Kleidern voller Kletterflecken. „Weder die Eltern noch das Regime schränkten uns ein", erzählt sie. Man mochte sich untereinander in Lípa, beneidete keinen, weil alle das Gleiche besaßen, mit Unterschieden zwar, aber sehr kleinen und somit kaum der Rede wert. Dana denkt gern an ihre Kindheit zurück, für den Kommunismus indes empfindet sie keine Nostalgie. „Man hat uns gehindert, eine eigene Meinung auszubilden. Und wenn wir doch anders dachten, durften wir das nicht laut sagen."

Dana arbeitet schon lange gegen Schranken im Kopf an. Privat sowieso – und seit 23 Jahren auch beruflich. Als Vizechefin der *EUREGIO Bayerischer Wald–Böhmerwald–Unterer Inn* koordiniert sie grenzübergreifende Projekte zwischen Bayern, Böhmen und Österreich, fördert Kontakte und animiert zur Belebung der Gemeinsamkeiten in Geschichte, Wirtschaft und Kultur. Dana arbeitet für ein gelingendes Europa – und ist bis heute glücklich in ihrem Job. „Ich bringe Menschen zusammen", erklärt sie. Über Projekte, die die EU in der Dreiländerregion finanziert und das einstige Zonenrandgebiet lebenswert machen, für Einheimische und Gäste gleichermaßen. Das Gefühl der Zusammengehörigkeit zu pflegen, sei eine Lebensaufgabe, sagt Dana. „Es müssen immer Menschen da sein, denen bewusst ist, wie wichtig diese Arbeit ist."

Sie selbst war siebzehn und Abiturientin, als die Wende kam. Gerade alt genug, um dem Regime noch schadlos zu entfliehen, während andere,

Ältere, oft kaputt gingen daran. Dana aber ergriff ihre Chance. Sie nahm ein Studium der Germanistik und Geschichte auf, lernte fünf neue Sprachen – und reiste in die Welt: ins Salzkammergut, gleich als Europa seinen Eisernen Vorhang hob, nach Schottland und Irland, ihrer lebenslangen Sehnsucht. Sie tauchte ein ins Schlaraffenland des Westens – und wurde bitter enttäuscht: „Man begegnete uns sehr argwöhnisch. Misstraute uns, was fast schon an Diskriminierung grenzte, denn in vielen Geschäften waren Schilder aufgestellt, die uns auf Tschechisch davor warnten, zu stehlen. Ich habe mich für meine Landsleute geschämt."

Zu Hause in Böhmen dagegen war die Stimmung gut. Die Menschen lagen sich auf offener Straße in den Armen, lachten, weinten, freuten sich über den Aufbruch in eine neue Zeit, „als hätten sie sich von Panzern befreit". Und doch: Was passiert jetzt? Wie geht's weiter? Nach Wochen der Euphorie brachen sich Zweifel, Angst und Unsicherheit Bahn. Während bei vielen Tschechen – und nicht nur regimetreuen – die Sorge um die Zukunft überwog, war Dana bereit für den Wandel und neugierig auf alles, was kommt.

> **"**
> Ich bringe Menschen zusammen.

Zunächst kam ein Deutscher mit tschechischen Wurzeln, der Dana mit nach Bayern nahm. „Alles war aufregend: die Liebe, das neue Land, die andere Sprache, der Bayerische und Böhmerwald, mit einer Seele so viel älter als die Alpen." Die Begeisterung für die Region blieb, das private Glück schwand. Mittlerweile ist Dana geschieden – und zufrieden wie nie. „Weil mir das Leben Tag für Tag neue Impulse schickt", erzählt sie. Und weil Entwicklung sie ohnehin mehr freut als scheut.

Letzte Nacht hat Dana auf Tschechisch geträumt. Sie wechselt die Sprache im Schlaf und lebt so eine Verbundenheit, die sie sich auch für Europa in der Weltbeziehung wünscht. „Wir liegen wie in einem Sandwich zwischen China und Amerika eingezwickt. Finden wir nicht bald zu einer gemeinsamen Stimme, ist die Zukunft Europas ungewiss." Jeder von uns könne Einfluss auf europäische Entscheidungen nehmen, motiviert Dana – und wird schon mal grantig, wenn sie hört, wie über die EU schlecht geredet und glauben gemacht wird, aus Brüssel komme nur Blödsinn.

Nun gut: „Die europäischen Institutionen müssen noch näher ran an die Menschen." Zu viel Negatives und Frust lägen in der Luft, beklagt Dana, dabei bräuchten wir wieder Sicherheit und Stabilität gegen die Angst, die seit der Corona- und Ukraine-Krise an Raum gewinnt, die Seelen der Menschen auffrisst und das Denken in großen Dimensionen erschwert. Wie damals bei

Danas Großmutter Marie. Sie hat ein Jahrhundert europäischer Geschichte erlebt: Hitlers Aufstieg, die Okkupation, den Kommunismus, die Wende, diverse Währungen – und schließlich die Restitution mit der Offerte, wieder dort anzuknüpfen, wo die Politik der Zeit Marie und Josef, ihren Mann, zum Stillstand zwang.

Danas Großeltern hatten ihren Hof in Lípa nach dem Zweiten Weltkrieg verloren und ihre eigenen Felder fortan als Angestellte bestellt. So forderte es das System. „Und nach der Wende waren sie zu alt, um noch mal neu mit der Landwirtschaft zu beginnen." In Danas Worten schwingt Trauer mit. Um Oma Marie, die im Sommer vor zwei Jahren starb, 94-jährig, bescheiden und anspruchslos, wie sie zeitlebens war. „Trotz vieler Umbrüche, Sorgen und Notzeiten ist sie nie verbittert", erzählt die Enkelin, voller Liebe und Bewunderung für die Großmutter, die sich wortlos jedem Umstand fügte – und trotzdem ihren Frieden fand.

Dana ist anders. Drängt hinaus in die Welt, um ihre eigene Geschichte zu schreiben, eine europäische, die voller Abenteuer steckt und von zwei Protagonistinnen angeführt wird: der Verbundenheit und der Versöhnung. Die Vertreibung der Deutschen durch die Tschechen und die Geschichte der verlassenen Dörfer am böhmischen Grenzsaum berühren Dana sehr. Viele dieser Orte hat sie aufgesucht in den vergangenen Jahren und sich dort den zentralen Fragen des Lebens gestellt. „Den Kreislauf ständiger Vertreibung und gegenseitigen Misstrauens zu durchbrechen, wird die junge Generation schaffen", ist Dana überzeugt. Ihr Sohn zum Beispiel: Jan, gerade fünfzehn, in Deutschland wie in Tschechien daheim, frei im Kopf und unbedarft, vor einem Leben voller Chancen.

Dana dagegen wandert immer öfter in die Vergangenheit zurück. Besucht das Museumsdorf am Dreiburgensee und stellt sich vor, wie die Menschen in der Region vor 200 oder 300 Jahren lebten. Was sie an ihre Grenzen brachte, welche Barrieren es zu überwinden galt. „Wir müssen die Geschichte verstehen, um die Zukunft besser zu machen", mahnt Dana.

Sie zieht ihre Sneakers wieder an. Hat genug vom Labyrinth für heute und kennt ohnedies ihren Weg, der sie demnächst einmal mehr nach Italien führen wird – zu einem Auftrag, den ihr niemand erteilte. „Im Ersten Weltkrieg ist mein Großonkel an der Alpenfront gefallen", erzählt sie. Mit sechzehn, er war fast noch ein Kind. Dana will wissen, in welcher Erde er liegt, und hat sich vor neun Jahren zum ersten Mal auf die Suche nach seinem Grab gemacht, im Gepäck den Großraum Triest auf Karte sowie das Tagebuch des Verwandten. „Es ist furchtbar, Tag und Nacht nur lautes Knallen und

Donnern, schlimme Situation", so sein letzter Eintrag, daneben der Sterbe-
tag, von der Mutter des Toten mit Bleistift ergänzt.

Dana wird das Grab ihres Großonkels finden. Vielleicht wachsen dort
heute Blumen und Bäume? „Es wird alles gut", lächelt sie, optimistisch wie
immer. So zielstrebig leicht. Und so frei.

→

Seite 218/219: Wir sehen die Welt, wie
wir selbst sind. Dabei ist die Perspektive
Anderer auch interessant. Und die Aus-
schau nach gemeinsamen Lösungen der
Schlüssel zu einer besseren Welt.

DANA BISKUP

EUROPA –
EIN HEIMATSOUND

Wo wechselndes Licht das Blau aus den Wäldern stiehlt
Berge schlafen wie behagliche Gedanken
der Himmel Momente für Tage und Nächte reicht:
morgens Zuversicht, abends Vergänglichkeit.
Dort wohnt Heimat.
Fließende Straßen und baumblaue Weite
diamantenbesetzt mit Sternen in Gold
und blutrot gefasst wie ein Herz, nur aus Glas.
Es pocht, die leisen Töne wahrend
schlägt verschwisternd für Gerechtigkeit
pumpt Licht in die Wunden vergangener Tage
umfängt stumpfe Pfeile mit Sonnenstaub.
Verneigt vor unserem Gestern euch
macht Missliches vergeben
grüßt alles, was die Zukunft weist
lasst Wildheit zu, sie rettet uns.
Zieht mutig in die Einsamkeit,
die Orte in der Welt verknüpft.
Zu vieler Worte bedarf es nicht
erzählt Geschichten doch Mutters Stimme in mir.
Durchbrecht den Takt eurer eigenen Zeit,
die stillsteht und ins Verflossene drängt.
Wacht auf und lauscht auf neue Ideen
so sie im Spaziergang vorüberfliegen.
Die Süße des Sommers füllt Stadt und Land
ich möchte euch für mich gewinnen.
Lasst Grenzen los und mich euch lehren
dass nur die Freiheit Verbundenheit schenkt.

 Ton an!

DANKE

All jenen Menschen, die mir für dieses Buch ihre Gedanken und Geschichten geschenkt haben. Manche davon haben mich sehr berührt und vieles gelehrt – über das Wahrnehmen, das Sehen, das Leben.

Florian Eichinger für die famosen Fotos aus der Dreiländerregion. Ihre eigenwillige Ästhetik sperrt für kurze und lange Augenblicke den Wahnsinn der Welt aus.

Verlegerin Antonia Bürger und dem wunderbaren Knesebeck-Team, zuvorderst Dr. Hans Peter Buohler, Birte Döring und Christin Nase, für das neuerliche Vertrauen in mich und meine Arbeit.

Anna Frahm für das akribische Lektorat, die feinen Feedbacks und launigen Telefonate.

Simone Stiedl, meiner Herzensgrafikerin. Sie hat auch dieses Buch zu einem Schmuckstück designt.

Meinem Mann Benedikt. Ohne seine Unterstützung und stete Aufmunterung hätte ich das Buch nie zu Ende gebracht.

Und Josef Gößl. Ich habe dich nie verbittert erlebt, obwohl dir der Krieg die Jugend und so viele Chancen geraubt hat. Bis ins hohe Alter von 91 Jahren hast du im Kleinen Großes bewirkt: durch deinen Glauben an das Gute im Menschen. Ich widme dir dieses Buch.

SPONSOREN

Dieses Vorhaben wurde im Rahmen des
Stipendienprogramms des Freistaats Bayern
Junge Kunst und neue Wege unterstützt.

Bayerisches Staatsministerium für
Wissenschaft und Kunst

KETEK

HERMANN
W. ZEBISCH

Raiffeisen/Schulze-Delitzsch Stiftung
Bayerischer Genossenschaften

LANDKREIS
REGEN
ARBERLAND

LANDKREIS

DEGGENDORF

IMPRESSUM

Deutsche Originalausgabe
Copyright © 2023 von dem Knesebeck GmbH & Co.
Verlag KG, München
Ein Unternehmen der Média-Participations

Bildnachweis
Alle Bilder von Florian Eichinger, außer: S. 7 © Ai Weiwei Studio; S. 17, 22,
30, 52, 65, 72, 74, 83, 101, 115, 143, 163, 212 © Alexandra von Poschinger;
S. 21 © Daniela Blöchinger; S. 26 links © Sonja Stumpf; S. 37 © Tobias Koch;
S. 58 © Stephan Vanfleteren; S. 96 © Max Planck Gesellschaft; S. 103 © Silvia
Wallner; S. 106 © Vojtěch Havlík; S. 121 © Lukáš Žentel/Paměť národa;
S. 127 © Tatiana Khodova; S. 148, 153 © Edward Beierle; S. 156 © Toni
Scholz; S. 170 © Norbert Guthier/ZGF; S. 189 © Simone Stiedl; S. 198
© Klaus Vyhnalek; S. 207 © Zohre Esmaeli Foundation.

Projektleitung: Dr. Hans Peter Buohler
Lektorat: Anna Frahm, Berlin
Gestaltung: Simone Stiedl, studioh8, Regensburg
Herstellung: Arnold & Domnick, Leipzig
Druck: Neografia a.s., Martin-Priekopa, Slowakei
Printed in Slovakia

ISBN 978-3-95728-609-3